VADE-MECUM

DE L'IMPRIMEUR

ET DE TOUS CEUX QUI FONT IMPRIMER.

Deuxième Édition.

à L'AIGLE, (ORNE)

Chez P.-F. GINOUX, Imprimeur.

1860.

TARIF GÉNÉRAL

DES IMPRIMÉS DITS : OUVRAGES-DE-VILLE

(*C'est-à-dire généralement toutes les espèces d'imprimés autres que les LABEURS ou LIVRES*)

Applicable aux diverses branches de la Presse : TYPOGRAPHIE, LITHOGRAPHIE, AUTOGRAPHIE, PANICONOGRAPHIE, TAILLE-DOUCE, etc. etc.
Ressortant des bases mobiles d'un Tarif particulier établi sur les conditions d'impression les plus ordinaires.

…ations *de l'impression.* | **Impression.** | **Papier ou Carton.**

CHOIX DE TIRAGE pour changer les taux du Tarif particulier. (B)

1.	1.50	2.	2.50	3	3.50	4	4 50	5.	5.50	6.	6.50	7.	8.	9.	10.	11.	12.
2.″	3.″	4″	5.″	6.″	7.″	8.″	9.″	10.″	11.″	12.″	13.″	14.″	16.	18.″	20.″	22.″	24″
1.90	2.85	3.80	4.75	5 70	6.65	7 60	8.55	9.50	10.45	11.40	12.35	13.30	15.20	17.10	19″	20.90	22.80
1.80	2.70	3.60	4.50	5.40	6.30	7.20	8.10	9.″	9.90	10.80	11.70	12.60	14.40	16.20	18.″	19.80	21.60
1.75	2.63	3.50	4.38	5 25	6.43	7″	7.88	8.75	9.63	10.50	11.38	12.25	14.″	15.75	17.50	19.25	21″
1.66	2 50	3.34	4.17	5.″	5.84	6 67	7.50	8,34	9.17	10.″	10.84	11.67	13 34	15.″	16.67	18.34	20.″
1.50	2.25	3.″	3.75	4.50	5.25	6.″	6.75	7.50	8.25	9.″	9.75	10.50	12.″	13 50	15.″	16.50	18.″
1.25	1.88	2.50	3.13	3.75	4.38	5.″	5.63	6 25	6.88	7.59	8.75	8.75	10.″	11,25	12.50	13.75	15.″

Variations.

…ur varier les prix du Tarif parti…r, suivant qu'on voudra varier ses …, il faut :

1°. — TIRAGE.

…rendre le nombre inscrit sous le … préféré (tableau B), vis-à-vis les …es voulues et (ayant reculé la vir… d'un rang à gauche si les exem…es se comptent par *cents*, ou lui …rvant sa place s'ils se comptent par …) l'ajouter au *taux de composition* …ace de celui du tarif particulier (44)

2° — COMPOSITION.

…ant fait choix d'un prix de com…ion quelconque, dans la colonne … contient, la remplacer par le nom… inscrit vis-à-vis d'elle, dans la co… verticale des étoffes préférées. …e 44.)

TARIF PARTICULIER — Conditions d'impression :

COMPOSITION, *ad libitum* ; TIRAGE, *aux taux de l'en tête* ; ÉTOFFES, 2/3 p. 0/0

Bases du système.

Nombres de **CENTS** *ou* **MILLE** *exemplaires.* (D)

	1	2	3	4	5	6	7	8	9	10	15	20
SYSTÉMATIQUES. (Taux de Tirage 0/00 p. chaque nombre ci-dessus). (E)												
mille.	3.″	2,40	2,10	1,92	1.77	1,65	2,54	1.45	1.35	1,35	1,35	1,35
cents.	10.50	7.20	5,82	5,04	4,50	4,08	3.78	3.48	3 24	3.″		
SUCCESSIFS. (Prix d'impression de chaque cent et chaque mille). (H)												
mille.	5 ″	3,″	2.50	2,25	2,″	1,75	1,50	1,25	1.″	2,25	2,25	2.25
cents.	1,75	0,65	0,50	0,45	0,40	0,33	0,30	0,25	0,20	0,15		
SUIVANTS. (Prix moyen des cents ou mille suivants, après le 1er). (G)												
mille	5,″	3,″	2,75	2,58	2,44	2.30	2,17	2,04	1.91	1.93	2.06	2,10
cents.	1,75	0,65	0,58	0,53	0,50	0,47	0,44	0,42	0.39	0,36	-	
TIRAGE par *cent* et par *mille* exemplaires (y compris le 1er). (F)												
	5,″	4.″	3.50	3.19	2.95	2,75	2,57	2.41	2,28	2,25	2,25	2.25
	1,75	1,20	0,97	0,84	0,75	0,68	0,63	0,58	0,54	0,50		

TAUX D'ÉTOFFES p. la Composition. (I) — **COMPOSITION** par *cent* et par *mille* exemplaires. (A)

90 p. %	80 p. %	75 p. %	50 p. %	25 p. %	Composition.	1	2	3	4	5	6	7	8	9	10	15	20
0,28	0.27	0,26	″	″	0,25	0,42	0,21	0,14	0,11	0,09	0,07	0,06	0,06	0,05	0,05	0,03	0,03
0.39	0,37	0.36	0.31	0,26	0,35	0,59	0,30	0,20	0,15	0,12	0,10	0,09	0,08	0,07	0,06	[illegible]	0,03
0,57	0,54	0,52	0,45	0,37	0,50	0,84	0.42	0,28	0,21	0,17	0,14	0,12	0,11	0,10	0,09	0,06	0,05
0.68	0,64	0,63	0,54	0.45	0,60	1, ″	0,50	0,33	0,25	0,20	0,17	0,15	0,13	0,12	0,10	0,07	0,05
0,85	0.81	0,78	0,67	0,56	0,75	1,25	0,63	0,42	0,32	0,25	0,21	0,18	0,16	0,14	0,13	0,09	0,07
0,96	0,94	0,89	0,76	0,63	0,85	1,42	0,71	0,48	0,36	0,29	0,24	0,21	8,18	0,16	0,15	0,10	0,08
1,14	1,08	1,05	0,90	0,75	1, ″	1,67	0,84	0,56	0,42	0,34	0,28	0,24	0,21	0,19	0,17	0,12	0,09
1,25	1,18	1,15	0,99	0,82	1,10	1,84	0,92	0,62	0,46	0,37	0,31	0,27	0,23	0,21	0,19	0,13	0,10
1,42	1,35	1,31	1,12	0,93	1,25	2,09	1,05	0,70	0,53	0,42	0,35	0,30	0,27	0,23	0,21	0,14	0,11
1,53	1,45	1,41	1,21	1,01	1,35	2,25	1,13	0,75	0,57	0,45	0,38	0,33	0,29	0,25	0,23	0,15	0,12
1,71	1,62	1,57	1,35	1,12	1,50	2,50	1,25	0,84	0,63	0,50	0,42	0,36	0,32	0,28	0,25	0,17	0,13
1,82	1,72	1,68	1,44	1,21	1,60	2,67	1,34	0,89	0,67	0,54	0,45	0,38	0,34	0,30	0,27	0,18	0,14
1,99	1,89	1,83	1,57	1,31	1,75	2,92	1,46	0,98	0,73	0,59	0,49	0,42	0,37	0,33	0,30	0,20	0,15
2,10	1,99	1,94	1,66	1,38	1,85	3,09	1,55	1.03	0,78	0,62	0,52	0,44	0,39	0,35	0,31	0,21	0,16
2,28	2,16	2,10	1,80	1,50	2, ″	3,34	1,67	1,12	0,85	0,67	0,56	0,48	0,42	0,38	0,34	0,23	0,17
2.39	2,26	2,20	1,89	1,57	2,10	3.50	1,75	1,17	0,88	0,70	0,59	0,50	0,44	0,39	0,35	0,24	0,18
2,56	2,43	2,36	2,02	1,68	2,25	3,75	1,88	1,25	0,94	0,75	0,63	0,54	0,47	0,42	0,38	0,25	0,19
2,67	2,53	2.46	2,11	1,76	2,35	3,92	1,96	1,31	0,99	0,79	0,66	0,56	0,49	0,44	0,40	0,26	0,20
2,85	2,70	2,62	2,25	1,87	2,50	4,17	2,09	1,36	1,05	0,84	0,70	0,60	0,53	0,47	0,42	0,28	0,21
2,96	2,80	2,73	2,34	1,95	2,60	4,34	2,17	1,45	1,09	0,87	0,73	0,62	0,55	0,49	0,44	0,29	0,22
3,13	2,97	2,88	2,47	2,06	2,75	4,59	2,30	1,53	1,15	0,92	0,77	0,66	0,58	0,51	0,46	0,31	0,23
3,24	3,07	2,99	2,56	2,13	2,85	4,75	2,38	1,59	1,19	0,95	0,79	0,68	0,60	0,53	0,48	0,32	0,24
3,42	3,24	3,15	2,70	2.25	3, ″	5, ″	2,50	1,67	1,25	1, ″	0,84	0,72	0,63	0,56	0,50	0,34	0,25
3,70	3,51	3,41	2,92	2,43	3,25	5.42	2,71	1,81	1,36	1,09	0,91	0,78	0,68	0,61	0,55	0,36	0,27
3,99	3,78	3,67	3,15	2,62	3,50	5.84	2,92	1,95	1,46	1,17	0,98	0,84	0,73	0,66	0,59	0,38	0,30
4,27	4,05	3,93	3,37	2,81	3,75	6,25	3,13	2,09	1,57	1,25	1,05	0,90	6,79	0,70	0,63	0,42	0,32
4,56	4,32	4.20	3,60	3, ″	4, ″	6,67	3,34	2,23	1,67	1,34	1,12	0,96	0,84	0,76	0,67	0,45	0,34
4,84	4,59	4,46	3,82	3,18	4,25	7,09	3,55	2.37	1,78	1,42	1,19	1,02	0,89	0,79	0,71	0,48	0,36
5,13	4,86	4,72	4,05	3,37	4,50	7,50	3,75	2,50	1,88	1,50	1,25	1,07	0,94	0,85	0,75	0,50	[illegible]
5,41	5,13	4,98	4,27	3,56	4,75	7,92	3,96	2,65	1,98	1,59	1,32	1,14	0,99	0,88	0,80	0,53	0,40
5,70	5,40	5,25	4,50	3,75	5, ″	8,34	4,17	2,78	2,09	1,67	1,39	1,19	1,05	0,94	0,84	0,56	0,42
5,98	5,67	5,51	4,72	3,93	5,25	8,75	4,38	2,92	2,19	1,75	1,46	1,25	1,10	0,98	0,88	0,59	0,44
6,27	5.94	5,77	4,95	4,12	5,50	9,17	4,58	3,06	2,30	1,84	1,53	1,31	1,15	1,03	0,92	0 62	0,46
6,55	6,21	6,03	5,17	4,31	5,75	9,59	4,80	3,20	2,40	1,92	1,60	1,37	1,20	1,07	0,96	0,64	0,48
6,84	6,48	6,30	5,40	4,50	6, ″	10, ″	5, ″	3,34	2,50	2, ″	1,67	1,43	1,25	1,13	1,″	[illegible]	0,50
7,12	6,75	6,56	5,62	4,68	6,25	10,42	5,21	3,48	2,61	2,09	1,74	1,49	1,31	1,16	1,05	0,70	0,52
7,41	7,02	6,82	5,85	4,87	6,50	10,84	5,42	3,62	2,71	2,17	1,81	1,55	1,36	1,22	1,09	9,73	0,55
7,69	7,29	7,08	6,07	5,06	6,75	11,25	5,63	3,74	2,82	2,25	1,88	1,61	1,41	1.25	1,13	0,75	0.57
7,98	7,56	7,35	6,30	5,25	7, ″	11,67	5,84	3,89	2,92	2,34	1,95	1.67	1,46	1,31	1,17	0,78	0,59
8,26	7,83	7,61	6,52	5,43	7,25	12,09	6,05	4,03	3,02	2,42	2,02	1,73	1,51	1,35	1,21	0.81	0,61
8,55	8,10	7,87	6,75	5,62	7,50	12,50	6,25	4,17	3,13	2,50	2,09	1,79	1,57	1,40	1,25	0,84	0,63
8,83	8,37	8,13	6,97	5,81	7.75	12,92	6,46	4,31	3,23	2,59	2,16	1,85	1,62	1,44	1,30	0,86	0,65
9,12	8,64	8,40	7,20	6, ″	8, ″	13,34	6,67	4,45	3,34	2,67	2,23	1,91	1,67	1,50	1,34	0,89	0,67
9,40	8,91	8,66	7,42	6,18	8,25	13,75	6,88	4,59	3.44	2,75	2,29	1,97	1,72	1,53	1,38	0,92	0,69
9,69	9,18	8,92	7,65	6,37	8,50	14,17	7,09	4,73	3,55	2,84	2,37	2,03	1,78	1,59	1,42	0,95	0,71
9,97	9,45	9,18	7,87	6,56	8,75	14,59	7,30	4,87	3.65	2,92	2,43	2,09	1,83	1,63	1,46	0,98	0,73
10 26	9,72	9,45	8,10	6.75	9, ″	15, ″	7,50	5, ″	3,75	3,″	2,50	2,15	1,88	1,68	1,50	1.″	0,75
10,54	9,99	9,71	8,32	6,93	9,25	15,42	7,71	5,14	3,86	3,09	2,57	2,21	1,93	1,72	1,55	1,03	0,77
10,83	10,26	9,97	8.55	7,12	9,50	15,84	7,92	5,28	3,96	3,17	2,64	2,27	1,98	1,77	1,59	1,06	0,80
11.15	10,53	10,23	8,77	7,31	9,75	16,25	8,13	5,42	4,07	3,25	2,71	2,33	2.04	1,81	1,63	1,09	0,82
11,40	10,80	10,50	9, ″	7,50	10, ″	16,67	8,34	5,56	4,17	3,34	2,78	2,38	2,09	1,87	1,67	1,12	0.84
					10,50	17,50	8,75	6,83	4.38	3 50	2,92	2,50	2,19	1,96	1,75	1,17	0,88
					10,80	18, ″	9, ″	6, ″	4,50	3,60	3, ″	2,58	2,25	2, ″	1,80	1,20	0,90
					11,40	19, ″	9,50	3,33	4,75	3,80	3,17	2,72	2,38	2,12	1,90	1.27	0,95
					12,″	20,″	10,″	6,67	5,″	4,″	3,34	2,86	2,50	2,23	2,″	1,34	1″.

…ement illimité aux prix de comp. …r chaque 10 fr. contenus dans le … d'une composition, prendre autant …is le taux afférent à 10 fr. et lui …r celui du prix complémentaire.

TAUX DU PAPIER par *cent* et *mille* feuilles, ou par *cent* et *mille* fractions de feuille ci-dessous : TAUX p. % en reculant la virgule d'un rang à gauche ; TAUX p. ‰ en prenant les nombres tels qu'ils sont. (C)

PRIX courant de la Rame.	1.	1/2	1/3	1/4	1/5	1/6	1/7	1/8	1/9	1/10	1/12	1/16	1/18	1/24	1/32	1/36	1/48
3.″	6.″	3.″	2 ″	1.50	1.20	1.″	0.86	0.75	0.67	0.60	0.50	0.38	0.34	0.25	0.19	0.17	0.13
3 25	6.50	3 25	2.17	1.63	1 30	1,09	0.93	0.82	0.73	0 65	0,55	0.41	0.37	0.27	0.21	0.19	6.14
3 50	7.″	3.50	2.34	1.75	1.40	1.17	1.″	0.88	0.78	0.70	0.59	0.44	0.39	0.30	0,22	0.20	0.15
3,75	7.50	3.75	2.50	1.88	1.50	1.25	1.08	0.94	0,84	0.75	0.63	0,47	0.42	0.32	0.24	0.21	0.16
4.″	8.″	4.″	2.67	2.″	1.60	1.34	1.15	1.″	0.89	0.80	0.67	0,50	0.45	0.34	0.25	0 23	0.17
4 25	8.50	4.25	2.84	2.13	1.70	1.42	1.22	1.07	0.95	0.85	0.71	0.54	0.48	0·36	0.27	0.24	0.18
4,50	9.″	4 50	3.″	2.25	1.80	1.50	1.29	1.13	1.″	0.90	0.75	0.57	0 50	0.38	0.29	0.25	0.19
4 75	9 50	4.75	3.17	2.38	1 90	1.59	1.36	1.19	1.06	0.95	0 80	0,60	0.53	0.40	0.30	0.27	0.20
5.″	10.″	5.″	3.34	2.50	2.″	1.67	1.43	1.25	1.12	1.″	0.84	0.63	0.56	0.42	0.32	0.28	0.21
5.25	10.50	5.25	3 50	2.63	2.10	1.75	1.50	1.32	1.17	1.05	0.88	0.66	0.59	0.44	0.33	0.30	0.22
5.50	11.″	5 50	3.67	2.75	2 20	1.84	1.58	1.38	1.23	1.10	0.92	0.69	0.62	0.46	0.35	0.31	0.23
5.75	11.50	5.75	3.84	2.88	2.30	1.92	1.65	1,44	1,28	1.15	0.96	0.72	0.64	0.48	0.36	0.33	0,24
6.″	12″	6.″	4.″	3.″	2.40	2.″	1.72	1.50	1.34	1.20	1.″	0.75	0.67	0.50	0.38	0.34	0.25
6.25	12.50	6.25	4.17	3.13	2.50	2.09	1.79	1.57	1.39	1.25	1.05	0.79	0.70	0.52	0.39	0.35	0.26
6 50	13.″	6.50	4.34	3 25	2.60	2.17	1.86	1.63	1.45	1.30	1.09	0.82	0.73	0.55	0.41	0.37	0.27
6.75	13 50	6.75	4.50	3 38	2.70	2.25	1.93	1.69	1.50	1.35	1.13	0.85	0.75	0-57	0.43	0.38	0.29
7.″	14.″	7.″	4.67	3.50	2.80	2.34	2.″	1.75	1.56	1.40	1.17	0.88	0 78	0.59	0.44	0.39	0.30
7.25	14.50	7.25	4.84	3.63	2.90	2.42	2.08	1.82	1.62	1.45	1·21	0.91	0.81	0.61	0.46	0.41	0.31
7.50	15.″	7.50	5.″	3.75	3.″	2.50	2.15	1.88	1.67	1,50	1.25	0.94	0.84	0.63	0.47	0.42	0.32
7.75	15.50	7.75	5.17	3.88	3.10	2.59	2 22	1 94	1.73	1.55	1.30	0.97	0.87	0.65	0.49	0.44	0.32
8.″	16″	8.″	5.34	4.″	3 20	2.67	2.29	2.″	1,78	1.60	1,34	1.″	0.89	0.67	0.50	0.45	0.34
8.25	16.50	8.25	5.50	4.13	3.30	2.75	2 36	2.07	1.84	1.65	1.38	1.04	0.92	0.69	0.52	0.46	0·35
8 50	17.″	8.50	5.67	4.25	3.40	2 84	2.43	2.13	1.89	1 70	1.42	1.07	0.95	0.71	0.54	0 48	0.36
8.75	17.50	8 75	5.84	4 38	3.50	2.92	2.50	2.19	1.95	1.75	1,46	1.10	0.98	0.73	0.55	0.49	0.37
9.″	18.″	9.″	6.″	4.50	3.60	3.″	2.58	2 25	2.″	1.80	1.50	1.13	1.″	0.75	0.57	0.50	0.38
9.25	18.50	9.25	6.17	4.63	3.70	3.09	2.65	2,32	2.06	1.85	1.55	1.16	1.03	0.77	0.58	0.52	0.39
9.50	19.″	9.50	6.34	4.75	3.80	3.17	2.72	2.38	2.12	1.90	1.59	1.19	1.06	0.80	0.60	0.53	0.40
9 75	19.50	9.75	6.50	4.88	3.90	3.25	2.79	2.44	2.17	1.95	1.63	1.22	1.09	0.82	0.61	0.55	0.41
10.″	20.″	10,″	6.67	5.″	4.″	3.34	2.86	2.50	2.23	2.″	1.67	1.25	1.12	0.84	0.63	0.56	0.42
10.25	20.50	10.25	6.84	5.13	4.10	3.42	2.93	2 57	2.28	2.05	1.71	1.29	1.14	0.86	0.64	0.57	0.43
10.50	21.″	10.50	7.″	5.25	4.20	3.50	3.″	2.63	2.34	2.10	1.75	1.32	1.17	0.88	0.66	0.59	0.44
10.75	21.50	10.75	7.17	5.38	4 30	3.59	3 08	2.69	2.39	2.15	1.80	1.35	1,20	0.90	0.68	0.60	0.45
11.″	22.″	11.″	7.34	5.50	4.40	3.67	3.15	2.75	2.45	2.20	1.84	1.38	1.23	0.92	0.69	0.62	0-46
11.25	22.50	11.25	7.50	5.63	4.50	3.75	3.22	2.82	2.50	2.25	1.88	1.41	1.25	0.94	0.71	0.63	0.47
11.50	23.″	11.50	7.67	5.75	4.60	3.84	3.29	2.88	2.56	2.30	1.92	1.44	1.28	0 96	″.72	0.64	0,48
11.75	23 50	11.75	7.84	5.88	4.70	3.92	3,36	2.94	2.62	2.35	1.96	1.47	1.31	0.98	0,74	0.66	0.49
12.″	24.″	12.″	8.″	6.″	4.80	4.″	3.43	3,″	2.67	2.40	2.″	1.50	1,34	1.″	0.75	0.67	0.50
12.25	24.50	12.25	8.17	6.13	4.90	4.09	3.50	3.07	2.73	2.45	2.05	1.54	1.37	1-03	0.77	0.68	0.51
12.50	25.″	12.50	8.34	6.25	5.″	4.17	3.58	3.13	2.78	2.50	2.09	1.57	1,39	1.05	0.79	0.70	0.52
12.75	25.50	12.75	8.50	6.38	5.10	4,25	3.65	3.19	2.84	2.55	2.13	1.60	1.42	1.07	0.80	0.71	0.54
13.″	26.″	13″	8.67	6.50	5.20	4.34	3.72	3,25	2.89	2.60	2.17	1.63	1.45	1.09	0.82	0,73	0.55
13.25	26.50	13.25	8 84	6.63	5 30	4.42	3.79	3 32	2.95	2.65	2.21	1.66	1.48	1.11	0.83	0.74	0.56
13.50	27.″	13.50	9.″	6.75	5.40	4.50	3 86	3.38	3.″	2·70	2,25	1.69	1.50	1.13	0.85	0.75	0.57
13.75	27,50	13.75	9.17	6 88	5.50	4.59	3.93	3.44	3.06	2.75	2 30	1.72	1.53	1.15	0.86	0.77	0.58
14.″	28.″	14.″	9.34	7.″	5 60	4.67	4.″	3.50	3.12	2·80	2.34	1.75	1.56	1.17	0.88	0.78	0.59
14.25	28.50	14.25	9,50	7,13	5.70	4.75	4,08	3.57	3.17	2.85	2.38	1.79	1.59	1.19	0.90	0.79	0.60
14.50	29.″	14.50	9,67	7.25	5.80	4.84	4.15	3.63	3.23	2,90	2.42	1.82	1.62	1.21	0.91	0.81	0.61
14.75	29.50	14.75	9.84	7.38	5.90	4.92	4,22	3.69	3.28	2.95	2.46	1.85	1.64	1.23	0.93	0.82	0.62
15″	30.″	15.″	10″	7.50	6.″	5.″	4,29	3.75	3.34	3.″	2.50	1.88	1.67	1.25	0.94	0.84	0.63
15.50	31.″	15,50	10.34	7.75	6.20	5.17	4.43	3.88	3.45	3.10	2.59	1.94	1.73	1.30	0.97	0.86	0.65
16″	32.″	16″	10.67	8.″	6.40	5.34	4 58	4.″	3.56	3.20	2.67	2.″	1.78	1.34	1.″	0.89	0.67
16.50	33.″	16.50	11.″	8.25	6.60	5.50	4.72	4.13	3.67	3.30	2.75	2.07	1.84	1.38	1.04	0 92	0.69
17.″	34.″	17.″	11.34	8,50	6.80	5.67	4 86	4.25	3.78	3.40	2.84	2.13	1.89	1.42	1.07	0.95	0.71
17.50	35.″	17 50	11.67	8.75	7,″	5.84	5.″	4.38	3.89	3.50	2,92	2,19	1.95	1.46	1.09	0.97	0.73
18.″	36.″	18″	12.″	9.″	7.20	6.″	5.15	4.50	4.″	3.60	3.″	2.25	2.″	1.50	1.13	1.″	0.75
18.50	37.″	18.50	12.34	9 25	7.40	6.17	5.29	4.63	4.12	3.70	3.09	2.32	2.06	1.55	1.16	1.03	0.77
19.″	38.″	19″	12.67	9.50	7.60	6.34	5.43	4.75	4.23	3.80	3.17	2.38	2.12	1.59	1.19	1.06	0.80
19.50	39.″	19.50	13.″	9,75	7,80	6.50	5.58	4.88	4.34	3.90	3.25	2,44	2.17	1.63	1.22	1.09	0.82
20″	40.″	20.″	13 34	10.″	8.″	6 67	5.72	5.″	4.45	4″	3.34	2.50	2.23	1.67	1.25	1,12	0.84
20 50	41.″	20.50	13.67	10.25	8.20	6.84	5.86	5.13	4.56	4.10	3.42	2.57	2.28	1.71	1.29	1.14	0.86
21.″	42.″	21.″	14.″	10.50	8.40	7.″	6.″	5,25	4.67	4.20	3.50	2.63	2.34	1.75	1.32	1.17	0·88
21.50	43.″	21.50	14.34	10.75	8.60	7.17	6.15	5.38	4.78	4.30	3.59	2.69	2.39	1.80	1.35	1.20	0.90
22.″	44.″	22.″	14.67	11.″	8.80	7.34	6.29	5,50	4.89	4.40	3.67	2.75	2.45	1.84	1.38	2,23	0.92
22.50	45.″	22.50	15.″	11.25	9.″	7.50	6.43	5.63	5.″	4.50	3.75	2.82	2.50	1.88	1.41	1.25	0.94
23.″	46.″	23.″	15.34	11.50	9.20	7.67	6.58	5.75	5.12	4.60	3.84	2.88	2.56	1.92	1.44	1.28	0.96
23.50	47.″	23.50	15.67	11.75	9.40	7.84	6.72	5.88	5.23	4.70	3.92	2.94	2.62	1.96	1.47	1.31	0.98
24.″	48.″	24.″	16.″	12.″	9.60	8.″	6.86	6.″	5.34	4.80	4.″	3.″	2.67	2.″	1.50	1.34	1.″
24.50	49.″	24.50	16.34	12.25	9.80	8.47	7.″	6.13	5.45	4.90	4.09	3.07	2.73	2.05	1.54	1.37	1.02
25.″	50.″	25.″	16.67	12.50	10.″	8.34	7.15	6.25	5.56	5.″	4.17	3.13	2.78	2.09	1.57	1.39	1.05
25.50	51.″	25.50	17.″	12.75	10.20	8.50	7.29	6.38	5.67	5.10	4.25	3.19	2.84	2.13	1.60	1.42	1.07
26.00	52.″	26.″	17.34	13.″	10.40	8.67	7.43	6.50	5.78	5.20	4 34	3.25	2.89	2 17	1.63	1.45	1.09
26.50	53.″	26.50	17.67	13.25	10.60	8.84	7.58	6.63	5.89	5.30	4.42	3.32	2.95	2.21	1.66	1.48	1.11
27.″	54.″	27.″	18.″	13.50	10.80	9.″	7.72	6.75	6.″	5.40	4.50	3.38	3.″	2.25	1.69	1.50	1.13
27 50	55.″	27.50	18.34	13.75	11.″	9.17	7.86	6.88	6.12	5.50	4.59	3.44	3.06	2.30	1.72	1.53	1.15
28.″	56.″	28.″	18,67	14.″	11.20	9.34	8.″	7.″	6 23	5.60	4.67	3.50	3.12	2.34	1 75	1.56	1.17
28.50	57.″	28 50	19.″	14.25	11.40	9.50	8.15	7.13	6.34	5.70	4.75	3.58	3.17	2.38	1.79	1.59	1.19
29.″	58.″	29,″	19,34	14.50	11.60	9.67	8.29	7.25	6,45	5.80	4.84	3.63	3.23	2.42	1.82	1.62	1.21
29.50	59.″	29.50	19.67	14.75	11.80	9.84	8.43	7,38	6.56	5.90	4.92	3.69	3.28	2,46	1.85	1.64	1.23
30.″	60.″	30,″	20.″	15.″	12.″	10.″	8,58	7.50	6.67	6.″	5.″	3.75	3.34	2,50	1.88	1.67	1-25
30.50	61.″	30,50	20.34	15,25	12 20	10.2	8.72	7.63	6.78	6.10	5.09	3.82	3.39	2.55	1.91	1.70	1 27
31.″	62.″	31.″	20.67	15.50	12.40	10.4	8.86	7.75	6.89	6.20	5.17	3.88	3.45	2.59	1.94	1.73	1.30
31.50	63.″	31 50	21.″	15.75	12.60	10.5	9.″	7.88	7.″	6.30	5.25	3.94	3.50	2.63	1.97	1.75	1.32
32.″	64.″	32″	21 34	16.″	12.80	10.7	9.15	8.″	7.12	6.40	5.34	4.″	3.56	2,67	2.″	1.78	1.34

Colonne NULLE pour le carton. — PRIX courant des 100 feuilles.

TAUX DU CARTON par *cent* et *mille* feuilles, ou par *cent* et *mille* fractions de feuille indiquées en tête :

TAUX p. % en prenant les nombres tels qu'ils sont ;
TAUX p. ‰ en avançant la virgule d'un rang à droite.

(*Pour le Carton acheté au poids, soit en feuilles soit taillé en paquets ou en boîtes, ainsi que pour le papier acheté façonné in-4° ou in-8°, voir page 27.*)

Déposé.

N. B. — Indépendamment des renseignements ici placés, toutes les explications nécessaires sont données dans le texte, dans des notes auxquelles renvoyent les lettres placées dans l'intérieur du tableau.

OUVRAGES-DE-VILLE. — Tarif particulier, extrait du Tarif général. *(SPÉCIMEN.)*

Prix de l'impression.

PRIX	CENTS. 1	2	3	4	5	6	7	8	9	MILLE. 1	2	3	4	5	6	7	8	9	10	15	20
ivers	SYSTÉMATIQUES.			(	Taux	de Ti	rage	p.	o/oo	pour	chacu	n des	nomb	res	ci-	des	sus.)				
	10 50	7,20	5.82	5.04	4·50	4.08	3.78	3 48	3.24	3."	2.40	2.10	1 92	1,77	1,65	1,45	1,45	1,35	1,35	1,35	1·35
de	SUCCESSIFS.			(Prix	d'imp	ressi	on	spéci	al à	chaque	cent	et à	chaqu	e	mille	exe	mpla	ires.	)		
	1 75	0.65	0.58	0.45	0.40	0.35	0.30	0.25	0 20	5."	3."	2.50	2,25	2,"	1,75	1,50	1,25	1,"	2,25	2,25	2,25
compo-	SUIVANTS		(Prix	moy	en	des	cents	on	mille	exem	plaire	s suiv	ants ,	aprè	s le	pr e	mier				
sition.	1.75	0.65	0.58	0.53	0.50	0.47	0.44	0.42	0 39	5."	3."	2.75	2 58	2,44	2,30	3,17	2,04	1,91	1,95	2,06	2,10
	PRIX D'IMPRESSION, *par* CENT *et par* MILLE *exempl., suivant le prix voulu de Composition.*																				
0,25	2.17	1.41	1.11	0.95	0.84	0 75	0.69	0.64	0.59	5.42	4 21	3.64	3.30	3,04	2,82	2,63	2,47	2,30	2,30	2,28	2,28
0,50	2.59	1.62	1.25	1.05	0.92	0.82	0.74	0.69	0.64	5.84	4.42	3.78	3.40	3,12	2,89	2,69	2,52	2,35	2,34	2,31	2,30
0,75	3."	1.83	1.39	1.16	1."	0.89	0.80	0 74	0.68	6.25	4.63	3.92	3.51	3,20	2,96	2,75	2,57	2,39	2,38	2,34	2,32
1,"	3.42	2.04	1.53	1.26	1.09	0.96	0 86	0.79	0.73	6.67	4.84	4.06	3.61	3,29	3,03	2,81	2,62	2,44	2,42	2,37	2,34
1,25	3.84	2.25	1.67	1.37	1.17	1.03	0.92	0.85	0.78	7.09	5 05	4.20	3.72	3,37	3,10	2,87	2,68	2,49	2,46	2,39	2,36
1,50	4.25	2.45	1.80	1.47	1.25	1.10	0.98	0.90	0.82	7.50	5.25	4 34	3.82	3,45	3,17	2,93	2,73	2,53	2,50	2.42	2,38
1,75	4.67	2 66	1.95	1.57	1.34	1.17	1 04	0.95	0.87	7.92	5.46	4.48	3.92	3,54	3,24	2,99	2,78	2,58	2,55	2,45	2,40
2,"	5.09	2.87	2.08	1.68	1.42	1.24	1.10	1."	0.92	8 34	5.67	4 62	4.03	3.62	3,31	3,05	2,83	2,63	2,59	2,48	2,42
2,25	5 50	3.08	2.22	1.78	1.50	1.31	1.16	1.05	0.96	8,75	5.88	4.75	4 13	3,70	3,38	3,14	2,88	2,67	2,63	2,50	2,44
2,50	5.92	3.29	2.36	1.89	1.59	1.38	1.22	1.10	1."	9.17	6.09	4.89	4 24	3,79	3,45	3,17	2,94	2,72	2,67	2,53	2,46
2,75	6.34	3.50	2.50	1.99	1.67	1.45	1.28	1.16	1.05	9.59	6.30	5.03	4 34	3,87	3,52	3,23	2,99	2,76	2,71	2,56	2,48
3,"	6.75	3.70	2.64	2.09	1.75	1.52	1.34	1 21	1.10	10."	6.50	5.17	4.44	3,93	3,59	3,29	3,04	2,81	2 75	2,59	2,50
3,50	7.59	4.12	2 92	2.30	1.92	1.65	1.46	1.31	1.19	10.84	6.92	5.45	4.65	4,12	3,72	3.41	3,14	2,90	2,84	2,64	2,55
4,"	8.42	4.54	3.19	2.51	2.09	1.79	1.58	1 42	1.29	11.67	7.34	5.73	4.86	4,28	3,87	3,53	3,25	3,"	2,92	2,70	2 59
4,50	9.25	4.95	3 47	2.72	2.25	1.93	1.70	1·52	1.38	12,50	7.75	5.80	5.07	4,45	4,01	3,65	3,35	3,09	3,"	2,75	2'63
5,"	10.09	5.37	3.75	2.93	2.42	2.07	1.81	1.63	1.47	13 34	8 17	6.28	5.28	4,62	4,15	3,77	3,46	3,18	3,09	2.81	2,67
5,50	10.92	5.78	4.03	3.14	2 59	2.21	1 93	1.73	1.26	14.17	8 59	6 56	5.49	4.78	4,29	3,88	3,56	3,27	3,17	2,87	2,71
6,"	11.75	6.20	4.30	3.34	2.75	2.35	2.05	1.83	1.66	15."	9."	6.84	5.69	4,95	4,43	4,"	3,66	3,37	3,25	2,92	2,75
6,50	12.59	6.62	4.58	3.55	2.92	2.49	2.17	1.94	1.75	15.84	9 42	7.11	5.90	5,12	4,57	4,12	3,77	3,46	3,34	2,98	2.80
7,"	13.42	7.04	4.86	3.76	3.09	2.62	2.29	2.04	1.84	16.66	9.84	7 39	6.11	5,28	4,70	4,24	3,87	3,35	3,42	3,03	2.84
7,50	14.25	7.45	5.14	3.97	3.25	2.76	2.41	2.15	1.93	17.50	10 25	7.67	6.32	5,45	4,84	4,36	3,98	3,64	3,50	3,09	2,88
8,"	15.09	7.87	5.42	4.18	3.42	2.90	2.53	2.25	2.03	18 34	10 67	7.95	6.53	5,62	4,98	4,48	4,08	3,74	3,59	3,14	2,92
8,50	15.92	8.29	5.69	4.39	3.59	3.04	2.65	2.35	2 12	19.17	11.09	8.23	6.74	5,78	5,12	4,60	4,19	3,83	3,67	3,20	2,96
9,"	16.75	8.70	5.99	4.59	3.75	3 18	2.77	2.46	2.21	20."	11.50	8 50	6.94	5,95	5,26	4,72	4,30	3,92	3,75	3,25	3,"
9,50	17.59	9.12	6.27	4 80	3.92	3 31	2.89	2 56	2 30	20 84	11.92	8.78	7.15	6,12	5,40	4,84	4,40	4,02	3,84	3,31	3,05
0,"	18.42	9.54	6.55	5."	4.09	3 45	3."	2.67	2.40	21.67	12.34	9.06	7.36	6,28	5,54	4,95	4,51	4,11	3,92	3,37	3,09
1,"	20·09	10.37	7.10	5.43	4.42	3 73	3.24	2.87	2.58	23 34	13 17	9.61	7 78	6,62	5,82	5,19	4,72	4,29	4,09	3,48	3,17
2,"	21.71	11.20	7.66	5.84	4.75	4."	3.48	3 08	2.77	25."	14 "	10.17	8·19	6,95	6,10	5,43	4,92	4,48	4,25	3,59	3,25
3,"	23.42	12.04	8.21	6 26	5.09	4.29	3.72	3.29	2.95	26.67	14 84	10.73	8.61	7,28	6,38	5,67	5,13	4,66	4,42	3,70	3,34
4,"	25.09	12.87	8.77	6.68	5.42	4.56	3.96	3.50	3.14	28.34	15.67	11.28	9.03	7,62	6,65	5,91	5,34	4,85	4,59	3,81	3,42
5,"	26.75	13.70	9.33	7.09	5.75	4.84	4.20	3.71	3 32	30."	16.50	11.84	9.44	7,95	6,93	6,15	5.55	5,03	4,75	3,92	3,50
6,"	28.42	14.54	9.88	7.51	6.09	5.12	4.43	3.92	3.51	31.67	17.34	12.39	9.86	8,28	7,20	6,38	5.76	5,22	4,92	4,03	3,59
7,"	30.09	15.37	10.44	5.93	6.42	5.40	4.67	4.12	3.69	33.34	18.47	12.95	10.28	8,62	7,49	6,62	5,97	5,40	5.09	4,14	3,67
8,"	31.75	16.20	10.99	8.34	6.75	5.67	4.91	4.33	3.88	35."	19."	13.50	10.69	8,95	7,76	6.86	6,17	5,59	5,25	4,25	3,75
9,"	33.42	17.04	11 55	8.76	7.09	5.95	5.15	4.54	4.06	36.67	19.84	14.06	11.11	9,28	8,04	7,10	6,38	5,78	5.42	4,37	3,84
0,"	35.09	17.87	12.99	9.18	7.42	6.23	5.39	4.75	4.25	38 34	20.67	14·61	11.53	9.62	8,32	7,34	6,59	5,96	5,59	4,48	3,92
5,"	43.42	22.04	14.88	11.2	9.09	7·61	6.58	4.79	5.17	46.67	24.84	17 39	13.61	11,3	9,70	8,53	7,63	6,89	6,42	5,03	4,34
0,"	51.75	26.20	17.66	13.4	10.8	9."	7.77	6.83	6.10	60."	29·"	20.17	15.69	13,0	11,1	9,72	8,68	7,81	7,25	5,60	4,75
0,"	68.42	34.54	23.21	17.5	14.1	11.8	10.2	8.92	7.95	71.67	37.34	25.72	19 86	16,3	13,9	12,1	10,8	9,66	8,92	6,71	5.59
0,"	85.09	42.87	28.77	21.7	17.5	14.6	12.5	11."	9.80	88 34	45.67	31.28	24.02	19,6	16,7	14,5	12,9	11,5	10,6	7.82	6,42

Prix du papier.

PRIX coûtant de la Rame.	PRIX *par* CENT *ou* MILLE *exemplaires* Suivant le format par feuille ou fraction de feuille ci-dessous. *Par mille, en prenant les nombres tels qu'ils sont ; Par cent, en reculant la virgule d'un rang à gauche.* 1	1/2	1/3	1/4	1/6	1/8	1/16
4.»	8.»	4.»	2.67	2.»	1.34	1.»	0.50
4.50	9.»	4.50	3.»	2.25	1.50	1.13	0.57
5,»	10.«	5.»	3.34	2.50	1.67	1.25	0.63
5.50	11.»	5.50	3.67	2.75	1.84	1.38	0.69
6.»	12.»	6.»	4.»	3.»	2.»	1.50	0.75
6.50	13.»	6.50	4.34	3.25	2.17	1.63	0.82
7.»	14.»	7.»	4.67	3.50	2.34	1.75	0.88
7.50	15.»	7.50	5.»	3.75	2.50	1.88	0,94
8.»	16.»	8.»	5.34	4.»	2.67	2.»	1.»
8.50	17.»	8.50	5.67	4.25	2.84	2.13	1,07
9.«	18.»	9.»	6.»	4.50	3.»	2.25	1.13
9.50	19.»	9.50	6.34	4.75	3.17	2.38	1.19
10.»	20.»	10.»	6.67	5.»	3.34	2.50	1.25
10.50	21.»	10.50	7.»	5.25	3.50	2,63	1.32
11.«	22.»	11.»	7.34	5.50	3.67	2.75	1.38
11.50	23.»	11.50	7.67	5.75	3.84	2.88	1.44
12.»	24.»	12.»	8.»	6.»	4.»	3.»	1.50
12.50	25.»	12.50	8.34	6.25	4.17	3.13	1.57
13.»	26.»	13.»	8.67	6.50	4.34	3.25	1.63
13.50	27.»	13.50	9.»	6.75	4.50	3.38	1.69
14.»	28.»	14.»	9.34	7.»	4.67	3.50	1.75
14.50	29.»	14.50	9.67	7.25	4.84	3.63	1.84
15.»	30.»	15.»	10.»	7.50	5.»	3.75	1.88
15.50	31.»	15.50	10.34	7.75	5.17	3.88	1.94
16.«	32.»	16.»	10.67	8.»	5.34	4.»	2.»
16.50	33.»	16.50	11.»	8.25	5.50	4.13	2.07
17.»	34.»	17.»	11.34	8.50	5.67	4.25	2.13
17.50	35.»	17.50	11.67	8.75	5.84	4.38	2.19
18.»	36.»	18.»	12.»	9.»	6.»	4.50	2,25
18.50	37.»	18.58	12.34	9.25	6.17	4.63	2.32
19.»	38.»	19.»	12.67	9.50	6.34	4.75	2.38
19.50	39.»	19.50	13.»	9.75	6.50	4.88	2.44
20.»	40.»	20.»	13.34	10.»	6.67	5.»	2.50
21.»	42.»	21.»	14.»	10.50	7.»	5.25	2.63
22.»	44.»	22.»	14.67	11.»	7.34	5.50	0.75
23.»	46.»	23.»	15.34	11.50	7.67	5.75	2.88
24.»	48.»	24.»	16.»	12.»	8.»	6.»	3.»
25.»	50.»	25.»	16.67	12.50	8.34	6.25	3.13
30.»	60.»	30.»	20.»	15.»	10.»	7.50	3.75
40.»	80.»	40.»	26.67	20.»	13.4	10.»	5.»

Laigle (Orne), -- Imprimerie de P.-F. Ginoux. Déposé.

VADE-MECUM

DE L'IMPRIMEUR

ET DE TOUS CEUX QUI FONT IMPRIMER

OU

COMPTES-FAITS PANTOGRAPHIQUES

ACCOMPAGNÉS DE NOMBREUX DOCUMENTS SUR LA PARTIE, ET CONTENANT DIVERS TABLEAUX TRÈS-UTILES,

PRINCIPALEMENT :

LE TARIF GÉNÉRAL POUR OUVRAGES-DE-VILLE

(C'est-à-dire toutes les espèces d'imprimés autres que les Labeurs ou Livres.)

Applicable à la TYPOGRAPHIE, la LITHOGRAPHIE, l'AUTOGRAPHIE, la PANICONOGRAPHIE, la TAILLE-DOUCE, et généralement à tous les modes d'impression en *Caractères, Écritures, Tableaux, Plans, Musiques, Gravures* ou *Dessins quelconques* ;

Indiquant le PRIX EXACT (*ad libitum*, soit *TOTAL*, pour toute la commande ; soit *SUCCESSIF* et *décroissant*, pour chaque cent et chaque mille ; soit *MOYEN, PAR CENT* et *PAR MILLE* exemplaires ; soit enfin le prix du *PREMIER CENT* ou du *PREMIER MILLE* avec le prix moyen des *SUIVANTS*), tout compris : TIRAGE, COMPOSITION (ou *Dessin, Écriture, report etc.*) unique ou cumulée, ÉTOFFES, PAPIER (ou *Carton*), pour tous les cas voulus parmi les combinaisons infinies de ces bases variables, chacune d'elles si multiple, et quelle que soit l'importance de la demande ;

ET UN EXTRAIT DU

TARIF GÉNÉRAL POUR LABEURS

Donnant, par analogie et pour les diverses conditions d'impression le plus en usage, le PRIX DE LA FEUILLE, avec ou sans le papier, *au simple regard* ; et indiquant en outre, dans un chapitre spécial, le moyen prompt et facile d'établir, avant l'impression, le prix approximatif du Labeur entier, tout compris et prêt à livrer.

PAR P.-F. GINOUX, *Imprimeur Typographe,*

AUTEUR DU TARIF GÉNÉRAL POUR LABEURS, ETC.

Deuxième Édition, revue et perfectionnée.

LAIGLE (ORNE). — 1860.

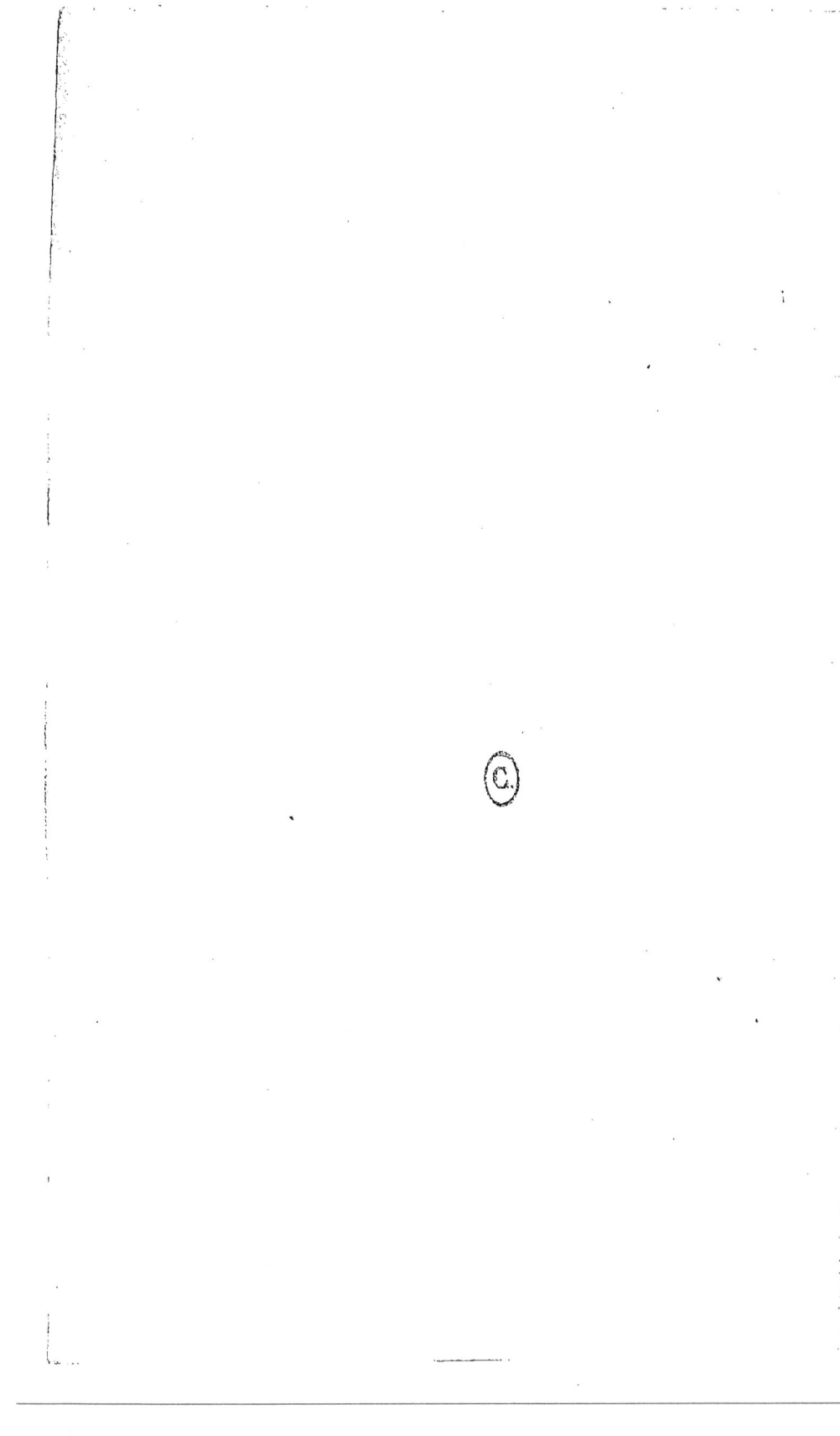

UN MOT AU LECTEUR.

Vous savez très-bien, cher lecteur, qu'un livre ne doit pas être apprécié uniquement d'après son plus ou moins de grosseur, mais bien plutôt d'après sa valeur intrinsèque.

Or, en l'espèce, quoique le sujet eût comporté de nombreux détails et d'abondantes amplifications qui eussent enflé cette brochure sans beaucoup de peine, on a dû préférablement la condenser au lieu de l'étendre, car l'usage auquel elle était destinée réclamait d'urgence qu'elle fût très-portative, tandis qu'une plus grande quantité de paroles et de papier n'eût fait que la rendre plus gênante.

Cette courte observation est une réponse anticipée, à l'adresse de ceux qui, sur son annonce, en auraient fait la demande avec la pensée de recevoir un ouvrage volumineux.

On voudra donc bien, avant de parcourir cette brochure, ne pas lui faire un blâme de ce qui en augmenterait le mérite si, toute petite qu'on la voit, elle remplit intégralement les promesses de son prospectus.

PRÉLIMINAIRE.

Res, non Verba.

Le nom de TARIF donné au 1er tableau qui figure en tête de ces pages, semblerait annoncer, rigoureusement, des prix *cotés, obligatoires,* prix auxquels on *doit* se conformer. Evidemment, telles n'ont pu être ses prétentions, car le prix d'une impression quelconque doit nécessairement varier suivant sa main-d'œuvre, le soigné de son tirage, la qualité du papier etc. Ici, les prix cotés ne sont donc pas une *loi imposée*; ils ne sont que la conséquence rigoureuse des conditions d'impression que chacun aura adoptées, conditions qu'on pourra bien modifier ou changer à son gré quand on voudra, suivant l'exigence des cas particuliers ou des usages locaux, mais qui une fois posées, donnent un résultat qu'il faut nécessairement admettre, si on veut être conséquent. C'est dans ce sens qu'il faut interpréter ici le nom de *Tarif,* et ce Tarif est *général,* puisqu'il se prête, sans exception, à toutes les conditions d'impression voulues.

Comme c'est à l'expérience qu'il appartient de prononcer sur le mérite vrai ou supposé d'une méthode nouvelle quelconque, et que celles qui paraîssent le mieux fondées en théorie ne se soutiennent pas toujours au moment de l'épreuve, il a paru convenable de débuter par soumettre à sa sanction souveraine, le Tarif général qui figure au commencement de cette brochure.

Supposant donc connues, pour un instant, toutes les explications qui, dans le courant du texte, vont venir se rattacher plus ou moins directement à ce Tarif général, nous allons, sans plus de préambule, entrer dans le vif de la question et le mettre immédiatement à l'œuvre, en lui adressant une série de questions pratiques qui se présentent ou qui peuvent se présenter à chaque instant; avec d'autant plus de motifs que ces exemples, on les aura tout d'abord sous les yeux lors du besoin, et pourront peut-être, par analogie, remplacer quelquefois des raisonnements épars dans la brochure, dans laquelle par conséquent il ne sera pas toujours nécessaire de les chercher.

Un coup d'œil rapide jeté sur la manière très-simple dont toutes ces questions sont résolues, suffira, du reste, pour donner une idée du système qui en fournit les réponses et renseignera, mieux qu'une longue préface, sur son mérite réel, ou sur le peu d'utilité des quelques instants à consacrer à son étude.

PRIX PAR CENT ET MILLE EXEMPLAIRES, aux conditions du Tarif; — à des conditions différentes; — en faisant soit une seule soit plusieurs compositions; — le nombre du Tirage étant soit un nombre entier, soit un nombre fractionnaire; — La Composition étant soit ordinaire, soit des plus élevées; — le mombre du Tirage étant soit ordinaire, soit des plus élevés; — le Papier étant d'un prix et d'une fraction de feuille quelconques; — celui du Carton *idem*, soit acheté par 100 feuilles ou par 100 kilos, ou taillé soit en paquets, soit en boîtes.

PRIX TOTAL DES EXEMPLAIRES, *id.* *id.*

PRIX DU 1er CENT OU DU 1er MILLE, ET DES SUIVANTS, *id.*

PRIX SUCCESSIFS ET DÉCROISSANTS DE CHAQUE CENT ET MILLE, *id.*

Tels sont les nombreux sujets de questions dont on peut avoir chaque jour à résoudre quelques unes, et dont les suivantes donnent un extrait pris au hasard.

1re *Question. — (Conditions du Tarif particulier.)*

Pour 5 mille programmes de spectacle, d'une page in-8°, sur papier coloré (papier d'affiches) de 6 fr. la rame, si on compte 1 fr. pour la composition, quels seront :

1° le prix spécial pour chaque mille ?
2° le prix du 1er mille, et le prix moyen des suivants ?
3° le prix moyen des 5 mille ?
4° le prix total ?

RÉPONSE.

Nombres de mille.	1	2	3	4	5
Prix SUCCESSIFS,	8,17	4,50	4,00	3,75	3,50
Prix des SUIVANTS.	8,17 *et pour chacun des 4 suivants,* 3,94				
Prix PAR MILLE.	4 *francs* 79 *cent. le mille.*				
Prix TOTAL.	4,79×5 = R. 23 *fr*.95. *(p. 42.)*				

II. — *(Conditions différentes.)*

Même question, les étoffes étant supposées à 25 p. o/o et le tirage à 2,50 p. o/oo pour tous les mille ?

RÉPONSE.

Nombres de mille.	1	2	3	4	5
Prix SUCCESSIFS.	5,90	4,63	4,63	4,63	4,63
Prix SUIVANTS.	5,90 *et pour chacun des 4 suivants,* 4,63				
Prix PAR MILLE.	4 *francs* 88 *cent. le mille.*				
Prix TOLAL.	4,88×5 = R. 24 *fr*. 40. *(p. 44.)*				

III. — *(Conditions du Tarif particulier.)*

Je veux faire imprimer cette circulaire, mais je n'ai pas fixé le nombre qu'il m'en faudra : peut-être 2 mille, peut-être 4 à 5 mille, ou même entre 5 et 6 mille ; c'est selon ; combien me prendrez-vous ?

(*Supposons une page in-8°, la Composition à 1 fr. 50, et le Papier à 9 fr. la Rame.*)

Impression, 7,50 } 9,75 — *R. Le* 1er *mille vous coûtera* 10 *fr.*
Papier, 2,25 }
et les suivants de 5,25 *à* 4,75 *le mille, suivant le nombre que vous en voudrez.*

(C'est-à-dire pour 2 mille 3,» + 2,25 ; p. 3 mille 2,75+2,25 p. 4 mille 2,58+2,25 ; p. 5 mille et quelques cents 2,44+2,25 le *mille*). (*page* 42.)

IV. — *Même question (en faisant 2 compositions).*

Impression, 10, » } $\frac{14{,}50}{2}$ = R. 1er *mille* 7,25 ; *et les*
Papier, 4,50 }
mille suivants, de 4,50 *à* 3,50.

(c'est-à-dire, p. 2 m. $\frac{3}{2}$ + 2,25 ; p. 3 m. $\frac{2{,}75}{2}$ + 2,25 ; p. 4 m. $\frac{2{,}58}{2}$ + 2,25 ; p. 5 m. $\frac{2{,}44}{2}$ + 2,25 *le mille.*) *(p. 46.)*

V. — *Même question.* *(Variations.)*

(Les étoffes de la composition unique étant à 80 p. o/o et celles du tirage conservées à 66,66 o/o ; le papier à 11 fr.)

Imp. 7,67 } *Pap.* 2,75 } 10,42. *R.* 1er *mille* 10,50 ; *mille suiv. de* 7,75 à 5,20.

(c'est-à-dire p. 2 m. 3,» + 2,75 ; p. 3 m. 2,75 + 275, ; p. 4 m. 2,58 + 2,75 ; p. 5 m. et quelques cents 2,44 + 2,75 *le m.*) *(p. 44.)*

VI. — *Mêmes suppositions du n° 3.*

Je me décide à vous en commander 5 mille. Combien me prendrez-vous par mille, y compris le 1er mille comme les autres ? *(p. 42.)*

Impression, 3,45 } *Papier,* 2,25 } 5,70 *R. Chaque mille sera de* 5 *fr.* 70 *c.*

VII. — *Et si vous mettiez du papier plus beau, du papier glacé et la feuille double ? -- (Supposons du papier de* 15,50*). (page 42.)*

Impression, 3,45 } *Papier,* 7,75 } 11,20. *R. Le prix du mille serait de* 11 *f.* 20.

VIII. — *Eh bien, vous m'en ferez* 1200 *de celles-ci et* 3800 *des autres. Je veux vous payer maintenant, combien faut-il que je vous donne ?*

11,20 × 1,200 = 13,44 }
5,70 × 3,800 = 21,66 } R. 35 fr. 10.

IX. — *(Conditions du Tarif.)*

On a 16000 bulletins à faire (supposons le format in-16, papier de 9 fr. , comp. 0,12 1/2). A quel prix du mille reviendront-ils ? *(p. 42 et 46.)*

Avec 1 composition. (*C.* 0,12 1/2 ; *T.* 16 mille.)

Impression, 2,27 } *Papier,* 1,13 } 3,40. *R. Le mille revient à* 3,40.

Avec 2 compositions. (*C.* 0, 25 ; *T.* 8 mille.)

$\frac{2\,47}{2}$ = *Impression,* 1,24 } *Papier,* 1,13 } 2,37 — *R. Le mille revient à* 2,40.

Avec 4 compositions. (*C.* 0,55 / *T.* 4 m.)

$\frac{340}{4}$ = *Impression,* 0,85 } *Papier,* 1,13 } 1,98 *R. Le mille revient à* 2 fr.

Avec 8 compositions. (*C.* 1 fr. / *T.* 2 m.)

$\frac{484}{8}$ = *Impression,* 0,60 } *Papier,* 1,13 } 1,73. *R. Le mille revient à* 1,75.

X. — *Même question. (Variations.)*

Changeant toutes les conditions du Tarif particulier. Soit donc le tirage à 4 fr. le mille et les étoffes communes à 80 p. o/o. Quels seront les divers prix du mille avec ces nouvelles conditions? *(p. 44 et 46.)*

Avec 1 composition. (*C.* 0,12 ½ / *T.* 16 mille)

Impression, 7,22 } *Papier,* 1,13 } 8,35 — *R. Le mille revient à* 8,35.

Avec 2 compositions. (*C.* 0, 25 / *T.* 8 m.)

$\frac{726}{2}$ = *Impression,* 3,63 } *Papier,* 1,13 } 4,76 *R. Le mille revient à* 4,75.

Avec 4 compositions. (*C.* 0, 50 / *T,* 4 m.)

$\frac{742}{4}$ = *Impression,* 1,86 } *Papier,* 1,13 } 2,99 *R. Le mille revient à* 3 *fr.*

Avec 8 compositions. (*C.* 1 fr. / *T.* 2 m.)

$\frac{804}{8}$ = *Impression,* 1,01 | *Papier,* 1,13 | 2,14 *R. Le mille revient à* 2,15.

XI. — *(Nombre fractionnaire, — Variations de conditions, — Compositions multiples.)*

On veut imprimer un prospectus de 2 pages in-8° à 5500 exemplaires avec deux compositions, chacune de 1,25; les étoffes à 75 p. o/o; le tirage à 3,50 le mille; et le papier à 11,25. Quel sera le prix par *mille* exemplaires? *(44, 46, 47)*

(*C.* 2 *fr.* 50)
(*T.* 2 m, 75)

PROCÉDÉ PRATIQUE OU APPROXIMATIF.

Composition, 1,60 }
Tirage, 6,13 } $\frac{13\ 36}{2}$ = *R. Le prix du mille rev. à* 6,68
Papier, 5,63 }

PROCÉDÉ THÉORIQUE OU EXACT.

$\frac{4\ 34}{2\ 75}$ = *Composition,* 1,58 }
Tirage, 6,13 } $\frac{13\ 34}{2}$ = *R. Prix du mille* 6,67
Papier, 5,63 }

XII. — *(Conditions du Tarif.)*

On a 500 cartes d'adresse à faire sur 48e de feuille coûtant 18 fr. les 100 feuilles. On ne fait qu'une composition. Quel sera le prix du cent, aux conditions du tarif, si on prend 0,75 centimes pour la composition ? *(p. 42.)*

Impression, 1,00 }
Carton, 0,38 } 1,38 — *R. Prix du cent* 1,40

XIII. — *Quel sera le prix d'un* MILLE *aux mêmes conditions ? (p. 42.)*

Impression, 6,25 }
Carton, 3,80 } 10,05 — *R. Prix d'un mille* 10 *fr.*

XIV. — *Et si, aux mêmes conditions, on en voulait* 2 *mille, quel serait le prix du mille ? (p. 42.)*

Impression, 4,63 }
Carton, 3,80 } 8,43. — *R. Prix du mille* 8,50

XV. — *Et si on en voulait* 2 *mille, en faisant* 2 *compositions et qu'on comptât* 1 *fr. en plus pour la coupe du carton, à combien reviendrait le mille?*

(Ajouter 0,60 à la comp. *voir* 1re *et* 2e *col. du Tar.*) (*C.* 2,10 *T.* 1 mille)

Impression, 8,50 }
Carton, 0,75 } $\frac{9\ 25}{2}$ = *R. Prix du mille* 4,60.

XVI. — *(Nombre fractionnaire. — Conditions du tarif.) (p. 33 et 45.)*

On demande 350 Tarifs de banque de 2 pages in-4o sur

feuille simple, papier de 14 f. 50, la composition pour les 2 pages étant de 6 fr. Quel sera le prix par *cent* exemplaires ?

P. PRATIQUE. (*C.* 6 fr. / *T.* 3, 5)

Composition,	3, »	11,22	— *R. Prix par cent ex.* 11,25
Tirage,	0,97		
Papier,	7,25		

P. THÉORIQUE.

$\frac{100}{35}$ = *Composit.*	2,86	11,08	— *R. Prix par cent ex.* 11,10
Tirage,	0,97		
Papier,	7,25		

XVII. — *(Nombre fractionnaire. -- Conditions différentes.)*

Même question, les étoffes de la composition étant à 75 p. o/o, le tirage à 3 fr. avec étoffes 50 p. o/o. *(p. 33.)*

P. PRATIQUE.

Composition,	3,00	10,70	— *R. Prix du cent,* 10,70
Tirage,	0,45		
Papier,	7,25		

P. THÉORIQUE.

$\frac{1048}{350}$ = *Composition,*	2,98	10,68	— *R. Prix du cent,* 10,70
Tirage,	0,45		
Papier,	7,25		

Il serait inutile de multiplier davantage les exemples, l'intelligence de ceux-ci devant suffire pour l'application du Tarif à tous les cas qui pourront se présenter.

EXPLICATION

DE DIFFÉRENTS TERMES TECHNIQUES EMPLOYÉS DANS CETTE BROCHURE, POUR LES PERSONNES ÉTRANGÈRES A LA PARTIE.

Comme le titre de cet écrit le destine également à tous ceux qui font imprimer, on a dû entrer dans quelques explications. MM. les Imprimeurs voudront bien passer tous ces détails inutiles pour eux et qui ne les concernent pas.

Ils ne sauraient, du reste, en désaprouver la communication au public, car tout le monde sait fort bien qu'indépendamment des connaissances péniblement et chèrement acquises que tout art suppose, il faut à l'artiste, pour ses peines et soins actuels, une rétribution équitable, en sus de ses frais, lesquels sont nombreux en l'espèce ; et l'imprimerie, l'un des principaux organes de la lumière intellectuelle, ne peut craindre que la lumière se fasse autour de ceux qui allimentent ses produits.

Prix d'impression. Prix relatif à toute l'impression de la commande.

Le prix d'impression comprend celui de la Composition et celui du tirage.

Taux d'impression. Prix de l'impression de *chaque cent* ou de *chaque mille* seulement.

Ces *prix* ou *taux* d'impression s'entendent indépendamment du papier. En leur comprenant le papier ou le carton, ce sont alors des

Prix des Exemplaires. En comprenant tout, impression et papier, pour toute la commande.

Prix des CENTS *ou des* MILLE. Prix comprenant l'impression et le papier afférents à *chaque cent* ou à *chaque mille* exemplaires de la commande.

Prix de Composition. Prix de toute la main-d'œuvre typographique, lithographique ou autre, nécessaire pour réunir, écrire ou tracer etc., soit les caractères d'une rédaction, soit un dessin quelconque destiné à être imprimé.

Taux de Composition. Portion du prix ci-dessus, afférente à chaque cent ou à chaque mille du nombre qu'on voudra avoir de cette composition imprimée.

Taux de tirage. Prix de la main-d'œuvre pour imprimer *un mille* d'une composition.

Prix de Tirage. Prix de la main-d'œuvre pour imprimer tout un nombre quelconque d'une composition.

C'est le produit du taux de tirage multiplié par le nombre de cents ou de mille auquel on imprime cette composition.

Chacun des *taux* et *prix* ci-dessus, est sensé comprendre ses étoffes.

Etoffes. Ce sont la réunion de ce qui est compté pour : la mise-en-page, la mise-en-forme, la correction des épreuves, l'encre, l'usure du matériel, etc., les frais généraux et autres, et les bénéfices du Patron. Elles s'évaluent en bloc en ajoutant un *tant* p. o/o sur le montant de la composition et sur celui du tirage réunis.

Mise-en-page. Disposition du contenu d'une composition pour la faire tenir dans une certaine étendue donnée, de manière que les espacements soient convenables et réguliers.

Mise-en-forme. Disposition d'une composition dans un cadre qui la renferme et maintient son arrangement.

Mise-en-train. Préparatifs plus ou moins longs ou délicats, et nécessaires pour que l'impression se fasse bien.

Chaperon ou main-de-passe. Main de papier qu'on ajoute surnumérairement à chaque Rame, pour remplacer les feuilles manquées, défectueuses ou qui ont servi à la correction des épreuves, etc., afin de maintenir toujours complet le nombre d'exemplaires demandés.

Epreuves. Composition qu'on imprime, pour la vérifier et y faire les corrections qu'il y a lieu, avant d'en continuer le tirage.

Retiration. Lorsqu'une impression dépasse l'étendue d'une 1/2 feuille, *recto* et *verso*, elle ne peut s'effectuer d'un seul coup ; il faut s'y remettre à deux fois, en tirant d'abord un côté de la feuille, et en second lieu l'autre côté de cette même feuille. On dit dans ce cas qu'il y a *Retiration*, et l'on compte double tirage.

Compositions multiples, reports, mariages. Ce sont plusieurs compositions typographiques ou lithographiques, etc., placées à côté les unes des autres pour être imprimées en même temps sur un même papier, et que l'on sépare ensuite en coupant le papier aprés l'impression.

Compositions conservées. Celles qui, après l'impression terminée, sont mises en réserve pour en faire plus tard un nouveau tirage. Ces compositions privent l'imprimeur d'un matériel qui peut chaque jour lui être utile, et pour ce motif, indépendamment d'uue nouvelle mise-en-train, doivent être payées en partie lors du second tirage qui se fait souvent trop attendre.

N. B. — Les numéros placés entre parenthèses, au commencement d'une quantité d'alinéas, sont ceux auxquels renvoyent les nombres correspondants placés, aussi entre parenthèses, dans le courant du texte, afin d'expliquer le sujet en question plus clairement encore, en revoyant ce qu'il en a été dit avec plus de détail, une première fois.

*

VADE-MECUM DE L'IMPRIMEUR

ET DE TOUS CEUX QUI FONT IMPRIMER

OU

COMPTES-FAITS PANTOGRAPHIQUES.

PREMIÈRE PARTIE.

Ouvrages-de-Ville.

Par *Ouvrages-de-Ville* on entend, en imprimerie, tous les imprimés généralement quelconques, à la seule exception des *Livres,* lesquels forment une autre grande classe d'imprimés désignés sous le nom de *Labeurs.*

Journellement l'Imprimeur a besoin d'établir le prix d'une impression quelconque. Quand il est sans concurrents dans sa localité, ce qui est fort rare, il peut bien sans inconvénient faire usage de la liberté qu'il a d'établir ses prix comme il l'entend ; mais dans le cas contraire et plus général, quoiqu'il jouisse toujours de la même liberté, il peut ne pas être toujours favorable à ses intérêts d'adopter et de mettre en pratique une méthode arbitraire et invariable, quoique peut-être plus simple et plus commode pour l'usage. Ses intérêts bien entendus l'obligent, en cette circonstance, de conformer ses prix plus ou moins, à ceux de ses Confrères, sans perdre de vue toutefois les bénéfices de rigueur dont on ne doit jamais se départir. Cette considération nécessite un calcul de conciliation, une espèce de méthode à établir et à suivre. C'est un travail, un calcul très-fréquent. Or ce calcul à faire pour obtenir les prix exacts des *Ouvrages* dits *de Ville,* quoique fort simple par l'habitude qu'on a de le faire, repose sur des bases si variables, si arbitraires, qu'il n'est pas rare de voir le même imprimé, toutes choses égales d'ailleurs, taxé diversement dans diverses imprimeries, et même les prix de Tirage être souvent en désaccord dans la même imprimerie. On dit *toutes choses égales d'ailleurs*, car si l'on admet une différence quelconque soit dans le travail, le papier, les conditions d'impression, ou simplement dans le nombre d'exemplaires, le *même* imprimé doit nécessairement subir une variation dans ses prix. Il résulte de là que l'on peut, et les nouveaux Imprimeurs surtout, manquant de pratique ou ne se rendant pas de suite bien comptes des usages locaux établis antérieurement à leur gestion, peuvent éprouver quelques difficultés dans la fixation immédiate des prix à demander. Enfin ce calcul, tout simple qu'il soit, se compose de tant d'éléments divers, qu'il ne laisse pas que de réclamer un certain temps, si on veut le faire avec justesse et correlation, et non pas seulement à peu près.

Par ces motifs, et tant pour reconnaître l'accueil favorable qu'ont reçu nos Comptes-Faits typographiques pour Labeurs, que désireux de répondre aux vœux qui nous ont été exprimés, nous avons essayé d'applanir ces difficultés à l'aide d'une méthode qui paraît aussi simple que précise et dont les résultats aussi harmoniques entr'eux que promptement obtenus, ont donné lieu de croire que sa communication aux Confrères leur serait utile et agréable. C'est là le but de cet Opuscule.

Si une partie de ce qui va être dit dans le courant de cet écrit rapelle des notions que chaque Imprimeur connait déjà parfaitement, on voudra bien considérer que l'intelligence complète du nouveau Tarif Général nécessitait ces quelques détails qu'on n'attribuera point à une prétention pédantesque qui serait ridicule et qui est bien loin du sentiment qui l'a inspiré.

Mais, venons au fait. — De quoi se compose, en dernière analyse, une impression quelconque ? de deux choses tout simplement : de sa *Composition* et de son *Tirage*, pas davantage ; chacune desquelles choses, représentant la main-d'œuvre, peut être voulue avec telles ou telles *Etoffes*, c'est-à-dire augmentée de *tant* ou de *tant* p. o/o, pour les frais généraux et autres, les soins et les bénéfices du Patron, etc., à quoi on ajoute ensuite ses fournitures de papier.

La question se trouve donc réduite à ceci :

Trouver, avec le moins de calcul possible, *et généralement pour tous les cas qui peuvent se présenter*, le nombre comprenant ces trois choses réunies.

Or par ce qui précède, on a pu juger si, à l'aide du Tarif, le travail qui reste à faire est long et difficile. Quel calcul plus simple pouvait-on proposer, pour obtenir le but désiré, que de fournir pour tous les cas donnés, ces trois choses, ou réunies, ou toutes prêtes rangées dans les cases d'un tableau relativement peu étendu, et n'ayant plus qu'à les y prendre pour les réunir ?

Le sujet actuel se divise de lui-même par les trois parties principales et distinctes qui constituent le prix d'une impression quelconque : sa Composition, son Tirage et son Papier ; à quoi on a joint deux autres chapitres relatifs, l'un aux Compositions et aux Tirages multiples, l'autre à la manière de faire usage du Tarif, résumé et but final de cette première partie.

CHAPITRE PREMIER.

COMPOSITION ET SES ÉTOFFES.

Tarifer à l'avance les prix de *Composition* par formats, était chose à peu près impraticable ; car outre que MM. les Imprimeurs ne travaillent pas tous aux mêmes conditions, le même Imprimeur doit prendre, pour un même format, des prix différents et en rapport avec le travail plus ou moins long, ou plus ou moins soigné de la Composition.

(1) Afin donc de simplifier la chose et embrasser en même temps tous les formats possibles, on a représenté la Composition par des *sommes* se graduant par des quantités assez minimes pour comprendre, et au-delà, la généralité des cas probables, et auxquelles sommes il sera toujours facile de la rapporter. (*Voir le Tableau*, 1re *col. du tar. part.)*

(1) Voir le *Nota Bene* de la page 14, relatif aux nombres placés entre parenthèses.

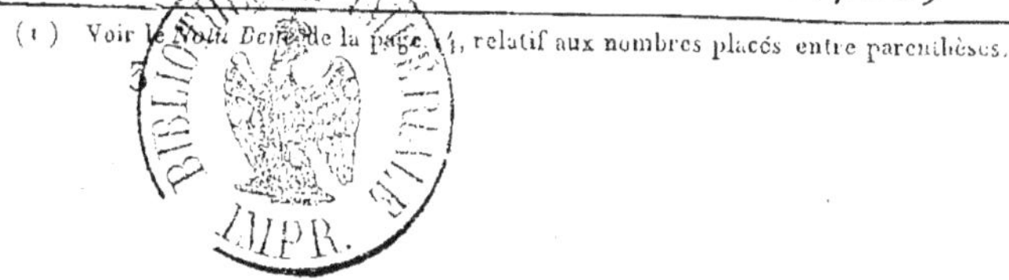

Cette manière de représenter la Composition, du reste, généralise l'emploi de ce Tarif qui pourra ainsi s'appliquer à tous les modes d'impression : typographique, lithographique, etc. etc.

(2) Ordinairement les Etoffes de la Composition se prélèvent aux mêmes taux et en même temps que celles du Tirage, après l'addition des deux sommes fournies par ces deux bases de toute impression. Cependant comme, pour certains cas particuliers, il peut arriver qu'il soit besoin de les prélever à des taux différents pour l'une et l'autre de ces mêmes bases, soit qu'il y ait coupe de filets, matériel facile à user au tirage, etc. etc., par ces motifs, la méthode de les prélever doit pouvoir, au besoin, se prêter à ces variations. Or, celle ici adoptée, rapportant à chacune de ces bases ses étoffes particulières, donne toute latitude à l'Imprimeur, sans aucun surcroît de travail, ainsi qu'il apparaîtra lorsqu'il sera question, plus bas, d'expliquer l'usage du Tarif.

Comme le Tirage se paye à raison de tant par cent ou par mille exemplaires, tandis que le prix de la Composition est relatif à toute cette Composition en entier, on conçoit qu'on ne saurait additionner ces deux prix incohérents pour former un prix total, et qu'il faut de deux choses l'une : ou faire le prix de tout le tirage en multipliant son taux par le nombre de la demande, pour l'ajouter au prix de toute la Composition, ou bien réduire le prix de Composition en taux de même espèce que celui du Tirage, en le divisant par ce même nombre du Tirage, pour l'ajouter à son taux ; ce qui donnera alors un taux unique, applicable à chaque cent ou à chaque mille de la commande. Or, comme c'est ordinairement ainsi que ces prix se demandent et se cotent, c'est aussi ce dernier procédé qui a été suivi, d'autant plus qu'il est ensuite plus facile de faire une simple multiplication pour obtenir le prix total, que s'il fallait faire une division pour savoir à combien revient chaque cent ou chaque mille exemplaires.

(3) Chaque prix quelconque voulu pour une Composition est donc, dans le Tableau, divisé successivement par chaque nombre des demandes prévues, et chaque quotient, placé sous chacun de ces nombres-diviseurs, concourt à former une ligne horizontale.

(4) Les divers prix de Composition étant chacun ainsi divisés et disposés les uns sous les autres, forment les colonnes verticales de Taux de Composition qui constituent le principal fondement du Tarif particulier, de sorte qu'en multipliant un nombre quelconque de cents ou de mille exemplaires d'une demande, par le Taux de Composition placé sous lui, on doit évidemment reproduire le dividende ou la Composition entière (voir le tableau A du Tarif particulier), représentée dans la ligne verticale du 1er cent ou du 1er mille, y compris ses étoffes à 66,66 p. o/o ou 2/3 de la Composition *nue* de la colonne adjacente à gauche, destinée aux divers prix de Composition à choisir, lesquels prix y sont gradués à cet effet.

(5) Mais ces divers prix de Composition, calculés à 66,66 p. o/o, peuvent être voulus avec des Etoffes différentes. Or, dans des colonnes verticales qui longent le Tarif particulier, se trouvent des nombres placés sur la même ligne de chaque prix de Composition, nombres qui correspondent à différents taux d'Etoffes placés en tête de chaque colonne. Ces nombres sont destinés à être pris en remplacement de celui de la Composition dont on veut varier les Etoffes. Ils sont calculés de manière qu'en les employant tels qu'ils sont, avec les conditions du Tarif particulier, on obtienne le même résultat, *exactement,* que si on avait conservé le premier prix de Composition avec les nouvelles étoffes voulues.

Ainsi,

(6) Les Prix de la Composition se varient en choisissant celui qu'on veut dans la première colonne du Tarif.

Les Etoffes de la Composition se varient, en choisissant celles qu'on veut parmi celles placées en tête des colonnes supplémentaires à gauche du Tarif et en prenant, sur la même ligne de la Composition voulue, et en remplacement de celle-ci, le nombre inscrit dans la colonne verticale des Etoffes préférées.

A cette Composition, ainsi augmentée ou diminuée, correspondra un *Taux de Composition* plus ou moins élevé qui comprendra la Composition voulue avec les étoffes choisies.

N. B. — Les nombres inscrits vis-à-vis les prix de composition, dans les colonnes verticales des étoffes, sont bien exactement *à moins d'un centime près,* ceux qu'il faudrait prendre pour remplacer le prix voulu d'une composition quelconque, afin d'obtenir, avec les conditions de ce tarif, les étoffes désirées ; mais pour les retrouver, ces nombres, identiquement les mêmes, dans la colonne des prix de composition, il eût fallu introduire dans cette colonne un choix de prix de composition gradué de centime en centime. Cette exactitude extrême a été considérée comme une minutie qui aurait allongé ce tarif peu utilement. Cependant on a distencé ces prix de composition seulement de 10 à 15 centimes pour les moins élevés ; puis, graduellement, on a laissé un intervalle un peu plus grand à mesure qu'ils pouvaient supporter cette différence, afin de ne s'écarter de ceux inscrits dans les colonnes des variations, que le moins possible ; car, il faut bien le remarquer, chaque 3 centimes en plus ou en moins sur la composition, fait varier de 5 c. en plus ou en moins le prix total ou le résultat ; ce qui se conçoit, puisque, suivant les conditions de ce tarif, les étoffes qu'il prélève étant à 66 p. o/o, la portion de composition qui se trouve répartie sur chaque cent ou mille du nombre d'une demande, est augmenté évidemment de 66 p. o/o, et par conséquent chaque centime de composition s'y trouve compté pour 1 c. 2/3. Ainsi, par exemple, pour une composition de 2 f, 75 dont on voudrait les étoffes à 75 p. o/o, les variations donnant 2 f, 88, si on prend comme le prix de composition le plus rapproché, celui de 2 f, 85 on diminue le résultat final réellement de 5 cent. et non point seulement de 3 centimes. C'est peu de chose, mais il est bon d'en faire la remarque, pour le cas où l'on voudrait, avant de faire usage de ce tarif, mettre à l'épreuve la justesse de ses calculs. Toutes ces petites différences, du reste, se corrigent facilement en ajoutant ou retranchant un ou deux centimes aux *taux d'impression*, en les arrondissant.

(7) Afin d'éviter de donner au tableau, des dimensions inutilement gênantes, on a arrêté à 10 francs le choix des prix de la compositon et de ses étoffes, mais il sera facile d'avoir le taux d'une composition quelconque jusqu'au prix le plus élevé, car ce prix quelconque se composant de dizaines et d'unités, il suffira évidemment de prendre le taux afférent à 10 fr., autant de fois que le prix voulu contiendrait de dizaines, et de l'ajouter au taux de la composition complémentaire.

Exemple.

Pour 15 fr. 50 on ajouterait le taux de 10 fr. à celui de 5,50
Pour 32 fr. on ajouterait 3 fois celui de 10 à celui de 2 fr. etc. etc...

(8) Pour les taux de composition relatifs à des nombres de mille au-dessus de 10 mille, nombres peu usités, on se guidera jusqu'à 20 mille, borne du Tarif, sur le taux afférent à 15 mille, en prenant un taux intermédiaire à vue d'œil, si on ne tient pas à quelques centimes de différence, ce qui sera très-suffisant dans la pratique, principalement pour des compositions d'un prix ordinaire. Que si on tenait à une exactitude mathématique, on diviserait la composition entière (colonne du 1er mille) par le nombre de mille de la demande. Mais cette observation est relative à des cas exceptionnels qu'on peut, dans la majeure partie des imprimeries de province, reléguer parmi les futurs contingents.

CHAPITRE II.

TIRAGE ET SES ÉTOFFES. *(p. 18, no 2.)*

—

Si ce chapitre présente quelques aperçus qui s'écartent un peu des idées généralement reçues et qu'on ne jugerait pas à propos d'admettre, on pourra les regarder comme non avenus, sans pour cela diminuer en rien l'utilité à retirer du tableau qu'ils concourent à expliquer.

—

Pour obtenir le prix du Tirage, il est beaucoup d'Imprimeurs qui calculent, pour les cents, sur des bases qui n'ont aucune connexion avec celles qu'ils emploient pour calculer le prix des milles. Dans certains cas isolés, cela peut convenir si l'on y tient, et la méthode suivie dans ce Tarif n'exclut pas ce procédé, puisqu'elle se prête à tous les cas possibles ; mais, il a paru préférable d'opérer d'après un système dont tous les produits, comparés entr'eux, se relient et s'enchaînent logiquement.

L'adoption d'un système quelconque, analogue à celui proposé, serait encore bien, lors-même qu'on devrait s'en écarter de fois à autre, volontairement ou selon l'exigence des cas.

En effet, on doit convenir qu'il ne peut y avoir raisonnablement qu'une seule manière d'envisager les *cents* et les *mille*, relativement au tirage ; qu'on ne doit pas les considérer comme choses étrangères les unes aux autres ; et que, puisque les mille ne sont qu'une continuation des premiers cents, les prix de tirage de ceux-ci doivent avoir un rapport quelconque avec ceux des cents qui les précèdent ; car, quelle différence voulez-vous raisonnablement établir, par exemple, entre un dixième cent et un premier mille ? N'est-ce pas absolument la même chose appelée d'un nom différent ? Et si les cents consécutifs, de même que les mille consécutifs ne diffèrent entre eux que de la même quantité, il est clair qu'en les séparant par groupes et en taxant chaque groupe d'un taux différent, on ne fait qu'user d'un palliatif insuffisant. Sans doute, qu'eu égard à l'importance de la demande, les cents qui composent les mille suivants doivent se payer moins chers que les cents qui composent le premier mille ; l'usage le veut, et tous les Imprimeurs comprennent cela parfaitement, mieux que tout autre.

Mais dans la pratique, les prix des cents consécutifs et des mille qui suivent, ne sont pas toujours établis avec la méthode d'enchaînement sus-mentionnée, c'est-à-dire qu'on se borne à prendre *tant* pour cent ou jusqu'à 500, et *tant* pour mille, ou jusqu'à tel nombre de mille. Mais ces taux, quoique afférents à des nombres de cents ou de mille groupés par tranches, ne sauraient être établis d'une manière uniforme pour plusieurs cents ou mille successifs, sans ressauts saillants quand on leur en fait succéder de nouveaux, et sans léser en même temps les intérêts ou de l'Imprimeur ou de l'Editeur, suivant le chiffre de ces taux et suivant que les quantités d'exemplaires demandés s'éloignent plus ou moins du premier cent ou du premier mille, ou de tout autre point de départ.

(9) Ce qui choque surtout dans une telle méthode, qui est

celle du plus grand nombre, c'est qu'il peut arriver que fort souvent les prix successifs soient côtés de façon que plusieurs *nombres différents* d'exemplaires, coûtent une *même somme* d'argent, et quelquefois même que, pour un *nombre beaucoup plus grand,* le *paiement* soit *inférieur* à celui d'un plus petit nombre d'exemplaires, et c'est ce qui arriverait inévitablement si, par exemple, en faisant le prix d'un mille, on prenait également ce même prix pour un seul comme pour plusieurs mille ; or, on le répète, un mille seul, isolé, ne peut être considéré comme un *mille* quant à son prix d'impression sous peine d'admettre, comme conséquence forcée, que pour 8 ou 9 cents exemplaires, par exemple, on doive payer *plus cher* que pour 10.

Car, un mille *seul* quoique appelé d'un nom différent, n'est rien de plus ni rien de moins qu'un *dixième cent* ajouté aux neuf précédents, et si son prix ne comprenait pas en même temps celui des 9 premiers nombres, plus celui qui est afférent au dixième, c'est-à-dire si ce mille unique n'était pas compté plus cher que s'il était suivi d'un ou de plusieurs autres mille, il est bien certain qu'il faudrait admettre la conséquence absurde ci-dessus.

(10) Or ces ressauts, ces inconséquences ne peuvent s'éviter, si toutefois on veut les éviter, que par deux moyens remplissant chacun parfaitement bien ce but, c'est-à-dire que, pour le premier moyen, si l'on tient à conserver ses habitudes de coter les cents à un taux et les mille à un autre taux, ou bien à coter divers groupes de cents ou de mille chacun d'un taux différent, il faut faire disparaître ces ressauts en divisant la différence de taux qui les occasionne, sur les prix suivants ; ou bien encore, et c'est le second moyen, établir un taux de tirage spécial calculé pour chaque nombre de cents ou de mille de tirage, à partir du premier cent et en diminuant graduellement chacun de ces taux d'après un système quelconque jusqu'à ce que, arrivé à un certain nombre de mille, on soit descendu au point extrême, passé lequel, le bénéfice deviendrait insuffisant ; terme qu'il ne faut jamais franchir, mais continuer ce dernier taux invariablement pour tel nombre de mille que ce soit ; car si les frais de la composition, qui restent toujours les mêmes malgré l'augmentation numérique du tirage, finissent par devenir des fragments peu sensibles, le prix du tirage cependant ainsi que ses étoffes, sont toujours

là, de même que le papier, et il faut bien en tenir compte.

(11) Cette considération, jointe à la nécessité d'une certaine mise-en train pour le 1er cent ou le 1er mille, a motivé la gradation décroissante qu'on remarque dans les taux de tirage de ce tarif, taux qu'on pourra toujours, du reste, modifier à volonté soit directement, puisque les variations se prêtent à tout changement, comme il va être dit, soit indirectement par une suppression ou une addition quelconque de mise-en -train appliquée sur le chiffre de la composition qui, suivant qu'elle est plus ou moins forte, fournit un taux correspondant plus ou moins fort.

Mais cette manière d'établir les prix de tirage, quoique la plus rationnelle, apporterait des complications dans les calculs de chaque jour, elle exigerait un peu plus de travail et ferait perdre du temps. On préfère s'éviter ce double désagrément et, comme méthode plus commode, plus simple, on adopte trop souvent le système défectueux qui est ici combattu.

Or, la méthode du Tarif particulier proposé comme spécimen, simple parmi les plus simples, évite à l'Imprimeur toute espèce de calcul, et lui offre, avec une précision parfaite, le prix voulu pour tous les cas possibles, quel que soit d'ailleurs le système qu'on aurait adopté de préférence.

(12) C'est, en partie, en vue des changements que chacun pourra désirer apporter au mode de fixation des taux de tirage systématiques et afférents chacun à un nombre spécial de cents et de mille, lesquels se trouvent placés en tête du Tarif, ligne E, qu'on n'a point ajouté ce même tirage, y compris ses étoffes (ligne F), aux taux de composition qui leur correspondent au-dessous dans la même colonne verticale, de manière à ne former qu'un seul et unique taux, lequel aurait dès lors pris le nom complexe de *taux d'impression;* comme aussi pour faciliter tout changement qui pourra être désiré sur le tirage et ses étoffes dans tel cas donné, en prenant (tableau B) tel taux avec étoffes voulues, différent de celui particulier au Tarif, sans pour cela nécessiter la soustraction de ce dernier ; d'autant mieux que celui-ci étant placé au bout supérieur de la colonne de chaque taux de composition, on peut l'y joindre à la simple vue, sans avoir besoin d'écrire les deux nombres.

(13) La mise en pratique de la considération du no. 11,

page 24, occasionne une petite différence entre les taux de tirage afférents à chaque cent ou à chaque mille de tout un nombre de cents ou de mille, et ceux afférents aux cents ou mille *suivants* de ce même nombre, quand on veut faire le prix à part d'un 1er cent ou d'un 1er mille.

On peut en effet remarquer, que pour ces derniers taux (ligne G), la progression décroissante s'arrête au moment où les taux de tirage de la ligne F qui leur correspondent, restent constamment les mêmes, et que dès-lors cette progression commence à devenir ascendante. *(voir le tarif.)*

La raison en est que la différence en plus sur le tirage du 1er mille, comparé avec chacun des autres, étant divisée par chacun d'eux pour en diminuer chaque fragment sur chacun de ces taux successifs (lesquels ne doivent plus la contenir en partie, puisqu'elle est toute conservée sur le 1er), devient d'autant plus faible pour chacun d'eux, que le nombre de mille de la commande est plus grand, au point de devenir presque nulle sur les *taux de tirage suivants* d'un nombre d'exemplaires quelque peu élevé ; et la progression ascendante dans les taux d'impresion des cents et mille suivants, que voilait la progression décroissante des taux de tirage de la ligne F, doit se montrer en évidence du moment que les taux de tirage de cette ligne F, sur lesquels s'opèrent des diminutions de plus en plus faibles, restent constamment les mêmes.

Ce qui prouve, au surplus, la justesse de cette remarque, c'est que si, au prix du 1er cent ou du 1er mille, on ajoute le produit des cents ou mille suivants, en prenant les nombres G pour multiplicateurs, on obtient exactement le même résultat ou prix total de tirage, que si, sans conserver le prix du 1er cent ou 1er mille, on multipliait simplement le *nombre du tirage* par le taux de tirage pris dans la ligne F.

La remarque qu'on vient de faire sur les prix des cents et des mille *suivants*, s'applique également aux prix *successifs* de chaque cent et de chaque mille de la commande.

De tout ce qui précède il découle qu'on ne pourrait guère établir de différence entre les *taux de tirage* de chaque mille *suivant et successif*, et les *taux de tirage* de chaque mille de tout une commande, y compris le 1er comme les autres, s'il s'agissait d'un tirage important, et que, dans ce cas, les taux F et G du Tarif pourraient être considérés comme nuls.

N. B. --- Tout ce qui vient d'être dit sur le tirage, doit être entendu pour le *tirage simple* (par opposition au *tirage double* d'une feuille de *labeur* imprimée au *verso* comme au *recto*), c'est-à-dire soit à *blanc*, soit quand le *recto* et le *verso* se tirent en même temps, par un seul coup de barreau. S'il en était autrement, c'est-à-dire si l'on tirait séparément le *recto*, puis en second lieu le *verso*, il faudrait compter double tirage ; mais ce cas sort de la question qui nous occupe, et rentre dans la classe des imprimés désignés sous le nom de *Labeurs*, qui font l'objet de la seconde partie.

CHAPITRE III.

DU PAPIER ET DU CARTON.

§ 1. *Papier.*

(14) Dans le tableau du papier (voir le tarif général), la première colonne à gauche indique les divers prix de la Rame, et les colonnes suivantes donnent le prix de mille feuilles, de mille 1/2 feuilles, de mille 1/4 de feuille, etc. afférents aux divers prix de la Rame.

Les nombres inscrits dans ces colonnes sont donc, pour le papier, des TAUX p. o/o ou p. o/oo relatifs à telle fraction de la feuille et suivant le prix de la Rame : TAUX p. o/oo en les prenant tels qu'ils sont, TAUX p. o/o en reculant la virgule d'un rang à gauche.

N.B. - Si l'on avait à employer du papier dont le prix de la Rame ne figurerait point parmi ceux de la colonne y destinée, on composerait le prix voulu avec ces derniers, et l'on combinerait de même leurs produits.

Exemple. - Pour 15,25 on formerait ce prix avec 10 et 5,25 et l'on joindrait ensemble les *taux* de ces deux derniers nombres. On agirait de même pour former tout autre prix.

Mais cette observation n'est qu'une surabondance de précaution, vu que dans les prix un peu élevés une différence de quelques centimes en plus sur une rame, peut toujours être forcée sans inconvénient, à cause de l'intérêt des fonds que le papier absorbe.

(15) Relativement aux papiers dits *façonnés*, c'est-à-dire qu'on achète en paquets et taillés en format in-8 ou in-4° etc, on calcule le prix de revient de 100 feuilles, et on note ce prix sur le paquet, pour l'usage du Tarif.

Si sur le papier on veut comprendre le *Chaperon* ou *Main-de-passe* par rame, on en augmente le prix de 5 cent. par franc, avant d'en prendre le *taux*.

§ 2. *Carton.*

(16) Pour le carton, dans le même tableau, la première colonne est sensée *nulle*, on n'y fait pas attention ; c'est la seconde colonne qui indique le prix des 100 feuilles de carton, et les colonnes suivantes donnent le prix des cent 1/2 feuilles, des cent 1/4 de feuille, etc. afférent aux divers prix qu'on paie les cent feuilles de carton.

Les mêmes nombres placés dans ces mêmes colonnes sont donc, relativement au carton et selon les divers prix des cent feuilles, des TAUX p. o/o en les prenant tels qu'ils sont, et des TAUX p. o/oo en avançant la virgule d'un rang à droite.

(17) Quant au carton acheté au poids, à raison de tant les 100 kilos, on en compte 100 feuilles et on les pèse, ce qui traduit leur prix à raison de *tant* les 100 feuilles, pour l'emploi de ce Tarif.

Si le carton acheté au poids est tout taillé, et mis soit en paquets soit en boîtes, on compte 100 cartes, et leur poids indique le prix du *cent* et celui du *mille*, et l'on note ces TAUX sur les paquets ou boîtes, pour les ajouter tout simplement aux *taux d'impression*, lors du besoin.

(18) Les fractions de la feuille, placées en tête du tableau, sont plus que suffisantes pour le besoin, car on n'imprime pas, d'ordinaire, pour le papier, sur fractions intermédiaires ni sur plus petit format ; on fait plutôt, dans ce cas, plusieurs compositions. Mais comme à l'égard du carton il pourrait en être autrement, alors, pour tout autre fraction que l'une de celles-ci, fraction qui en serait un *sous-multiple* quel-

conque, on prendrait, sur le *taux* inscrit, la portion indiquée par ce *sous-multiple*.

EXEMPLE.

Pour 1/15 on prendrait le 1/3 du taux placé sous 1/5 car $3 \times 5 = 15$
Pour 1/50 . . . . . . le 1/5 du taux placé sous 1/10 car $5 \times 10 = 50$

Mais ce moyen, qu'on poura toujours employer quand on voudra, n'est encore qu'un surcroit de précaution, car quand on imprime des exemplaires d'aussi petits formats, c'est, d'ordinaire, ou sur carton qu'on a acheté tout taillé et dont par conséquent on connaît le prix par *cent* et par *mille*, comme c'est indiqué ci-dessus, ou bien sur portions de feuille comprenant plusieurs compositions ou reports, fractions par conséquent plus grandes et comprises presque toujours parmi celles ci-dessus. Or dans ce dernier cas il suffit d'ajouter le taux du carton qui contient plusieurs compositions, à celui de l'impression, et de diviser le tout par le nombre de compositions, comme c'est indiqué au chapitre des compositions multiples, et le quotient donne le prix par cent ou mille exemplaires de la commande, y compris le carton.

CHAPITRE IV.

IMPRESSIONS COMPLEXES.

---

§ 1. *Tirages fractionnaires.*

On désigne ainsi, par abréviation, toute impression dont le nombre voulu d'exemplaires comprend une fraction de *cent* ou une fraction de *mille*, car les prix des imprimés se cotant ordinairement par *unités de cents* ou *de mille* exemplaires, on considère comme fraction de ces unités, tout nombre entier qui leur serait inférieur.

Jusqu'ici on a supposé que les demandes d'exemplaires devaient être faites par nombre rond de cents ou de mille.

C'est bien en effet de cette manière qu'elles se font d'ordinaire, et les demandes fractionnaires peuvent être considérées comme des exceptions, ou du moins il n'est guère d'usage que les demandes comprennent d'autres fractions que 1/2 cent ou 1/2 mille, encore sont-elles rarement faites ainsi. Mais comme il est bon de tout prévoir, même ce qui n'est que peu probable, il vaut mieux supposer le cas, d'autant plus que les compositions multiples qu'on peut avoir occasion de faire et dont il va être question ci-après, en réduisant le tirage, peuvent rendre celui-ci et le rendent fort souvent en effet, un nombre fractionnaire de cent ou de mille.

Relativement au *taux de tirage*, ces demandes fractionnaires n'apportent aucune difficulté, en aucun cas, puisqu'on se borne pour lui, à prendre *tant* par cent ou par mille, et la partie fractionnaire du nombre quelconque obtient toujours facilement sa juste portion du prix dans le résultat.

Relativement au *prix total* des exemplaires, ces mêmes demandes fractionnaires sont également sans difficulté, puisque la composition n'est divisée par aucun nombre, soit rond ou fractionnaire, mais prise tout entière (colonne du 1er cent ou 1er mille (*voir p.* 45.)

(19) Mais à l'égard du *taux de composition* (quand on veut côter les exemplaires par *cents* ou par *mille*), il y a une remarque à faire, si on tient à établir ce taux avec une exactitude mathématique, ce qui, soit dit en passant, n'est pas absolument nécessaire dans la pratique, car pour lors les moyens les plus simples et les plus prompts sont toujours les meilleurs, quitte pour demander plutôt un peu plus qu'un peu moins, dans de justes proportions toutefois, et il ne faudrait pas dans tous les cas négliger tout-à-fait la fraction, car, il faut bien le remarquer, chaque taux de composition dans le tarif étant afférent à un nombre rond de cents ou de mille, il y est calculé pour que la composition et ses étoffes soient comprises en entier dans le résultat que ce taux doit donner quand le *nombre* du tirage ne comprend que des unités entières de cents ou de mille ; or en multipliant, par ce même taux, la fraction complémentaire du nombre du tirage, on ajouterait en trop au résultat une parcelle de composition avec étoffes qu'il ne faudrait pas. C'est peu de chose sur les forts tirages, cependant sur 5 cents ou

5 mille c'est une portion de 1/5 de composition avec étoffes, et sur 2 cents ou 2 mille c'est une portion de 1/2 de cette même composition que l'on surajoute, ce qui ne laisserait pas que d'être sensible si la composition était un peu élevée et la fraction un peu forte, ainsi qu'elle peut le devenir pour des tirages très-réduits, c'est-à-dire 1/2 ou 3/4 etc..

Cette différence en trop, ou excès de composition, que contiendrait le résultat ou prix total, serait donc égale à la fraction du nombre de la demande, prélevée sur le taux afférent aux unités entières.

(20) Or, pour avoir le *taux de composition* exact, afférent à un nombre de tirage qui comprendrait en sus 1/2 cent ou 1/2 mille, comme par exemple 150 ou 4500, etc., il suffit de retrancher du taux afférent aux unités entières, une fraction ayant pour numérateur l'unité et pour dénominateur la somme des deux nombres ronds consécutifs du tirage dont la demande participe. Ainsi, ici pour 150, on additionnerait 1 cent et 2 cents, ce qui donnerait 3 pour dénominateur de la fraction à retrancher sur le taux de composition de 1 cent, c'est-à-dire 1/3, de sorte que si ce taux était de 3 fr. il deviendrait 2 francs. De même pour 4500, on additionnerait 4 mille et 5 mille, ce qui donnerait 9 pour dénominateur et on retrancherait 1/9 sur le taux de composition de 4 mille, de sorte que si ce taux était 9 fr,. il deviendrait 8 fr. etc. etc.

Dailleurs, même dans la pratique, on pourrait appliquer ce procédé théorique, mais alors sans faire le calcul à la plume : pour celà, on déterminerait, à la simple vue, la fraction à retrancher, afin d'avoir comme un guide pour le retranchement à faire, et on le fait ensuite à peu près, en prenant tout simplement le taux de composition ainsi réduit.

Une fois que toutes ces choses, que le nombre de paroles nécessaires pour les expliquer semble compliquer, seront bien comprises, et un peu de reflection suffira pour cela, on sera convaincu par sa propre expérience, qu'il faut incomparablement moins de temps pour les exécuter que pour les dire.

(21) Si, s'agissant toujours du *taux de composition*, le *nombre* du tirage comprenait une fraction de cent ou de mille, autre que 1/2, et qu'on voulût ce taux *exact*, le plus simple et le plus court alors serait, dans la crainte de s'égarer dans la traverse, de suivre la grande route, en divisant la

composition entière (colonne du 1er cent ou 1er mille) par le nombre fractionnaire de la demande, en égalisant de part et d'autre le nombre des décimales, par l'addition ou la suppression de zéros, et retranchant la virgule. Le quotient donnera, dans tous les cas, le taux de composition afférent au nombre fractionnaire de la demande.

(22) Mais ces difficultés, ou mieux ces longueurs, que ne crée point le Tarif, qui existent indépendamment de lui et sans lui, et dont il ne vient que faciliter la solution en la généralisant, ne sont que pour la théorie, que pour quand on veut soi-même se rendre bien raison du *taux* de composition *exact* à 1 centime près, car dans la pratique on doit passer par-dessus et prendre pour *taux de composition*, lorsque le tirage est un nombre fractionnaire, si non précisément celui des unités entiéres (lequel pour des compositions élevées et des tirages réduits se trouverait trop fort, comme on vient de le voir), du moins celui qui offre quelque latitude au bénéfice, plutôt que le contraire, tout en se rapprochant du véritable le plus possible, à vue d'œil, sans calcul, suivant l'importance de la fraction et par sa simple comparaison avec le taux suivant qui limite ses variations.

(23) Enfin, et au risque d'entrer dans des détails superflus, on pourra dans tous les cas pratiques analogues à celui dont il est ici question, se servir du guide indiqué dans la précédente note 22, en disant dans telle supposition du tirage fractionnaire : si la fraction était 1/2, je retrancherais telle fraction ; elle est plus faible que 1/2, il faut que je retranche moins ; elle est plus forte, il faut que je retranche un peu plus.

Il est rare qu'ainsi, on sécarte sensiblement du taux exact de composition, et c'est très-suffisant dans la pratique, quand on n'a pas ou qu'on ne veut point prendre le temps de faire le simple calcul indiqué plus haut (p. 30 n. 21.)

Les tirages fractionnaires n'apportant de changement au procédé général du Tarif que dans le seul cas qu'on vient d'examiner, il serait surabondant de s'y arrêter davantage.

(24) Si l'on voulait, par exemple, directement le *prix total de la commande*, le nombre quelconque de cette commande n'apportant aucune difficulté, il suffirait d'employer la méthode des 1ers cents et 1ers mille et des suivants (*n.* 43) c'est-à-dire qu'au prix du 1er cent ou du 1er mille on ajoute-

rait le produit des cents ou mille suivants, fractionnaires ou non.

EXEMPLE. — Soit demandé le prix de 645 tarifs de banque in 4°, la composition étant de 4 f. 75 et le papier de 12 f. 50.

1er CENT, . . .	*Impression.* — 9,67 *Papier.* — 0,62	1er *cent.*	— 10,29
SUIVANTS (5,45),	*Impression.* — 0,50 *Papier.* — 0,62	1,12×5,45=	6,10
	R. — Le prix total serait :		16,39

§ 2. *Compositions multiples.*

(25) Lorqu'on a plusieurs compositions ou reports à tirer ensemble, ces diverses compositions se trouvent réunies de manière à n'en former pour ainsi dire qu'une seule pour son impression, ce qui diminue évidemment le tirage, tandis que la composition est augmentée. Or les compositions multiples, en réduisant le nombre du tirage, peuvent rendre celui-ci un nombre fractionnaire de cent ou de mille, comme serait la moitié de 9 mille, le quart de 10 mille etc., et apporter par là quelque variation dans le procédé général du Tarif pour la détermination de ses prix quand on veut arriver à ce prix au moyen de la connaissance des *taux de composition*, lesquels taux, comme on l'a vu par ce qui précède, y sont tous afférents à des nombres ronds de cents ou de mille.

Or, on a vu (*num.* 21 *et* 23) le procédé à suivre quand le nombre du tirage est fractionnaire.

Si donc le nombre du tirage réduit est rendu fractionnaire, il faudra suivre le procédé du n° 21 ou celui du n° 23.

S'il ne l'est pas, suivre simplement le procédé général qui est de prendre dans le tarif le taux de composition tel qu'il le fournit, sans en rien retrancher.

(26) En général, l'orsqu'au *taux de composition* on a joint le *taux de tirage*, soit celui du tarif particulier, soit tout autre voulu dans les variations, et qu'on a ainsi formé le *taux d'impression* (lequel est relatif au nombre de cents ou de mille *groupes de compositions*), il suffit évidemment de le diviser par le nombre des compositions qui ont été tirées ensemble, pour avoir le *taux d'impression* relatif à chaque cent ou à chaque mille exemplaires isolés de la commande.

Prenons un exemple pour l'application de ces divers cas.

— On a un prospectus d'une page in-4° à imprimer sur

papier de 11 f. 50 avec les conditions du Tarif particulier; la composition est supposée à 2 fr. 50 et l'on fait 4 compositions.

1° -- Supposant 800 exemplaires (C. 10 fr. / T. 2 mille)

Comp. 8,34, *Tirage,* 4,00, *Papier,* 23, » } $\frac{35,34}{4}$ = R. *Le mille d'ex. rev à* 8,85.

2° — Supposant 600 exemplaires (C. 10 fr. / T. 1 m,5)

16,67 — ⅓ = *Comp.* 11,10, *Tirage,* 5, », *Papier,* 23, » } $\frac{39,10}{4}$ = R. *Le mille d'ex. rev. à* 9,75.

3° — Supposant 7500 exemplaires (C. 10 fr. / T. 1 m, 875)

Procédé pratique (si ½ . . . etc.) *(p.* 31 *n.* 23.)

Comp. 9, », *Tirage,* 5, », *Papier,* 23, » } $\frac{37}{4}$ = R. *Le mille d'ex. rev. à* 9,25.

Procédé théorique.

$\frac{16670}{1875}$ = *Comp.* 8,90, *Tirage,* 5, », *Papier,* 23, » } $\frac{36,96}{4}$ = R. *Le mille d'ex. rev. à* 9,22.

4° — Supposant 5500 exemplaires (C. 10 f. / T. 1 m, 375)

P. Pratique. (si ½ . . . etc.) *(p.* 31 *n.* 23.)

Comp. 12,50, *Tirage,* 5, », *Papier,* 23, » } $\frac{40,50}{4}$ = R. *Le mille d'ex. rev. à* 10,12.

P. Théorique.

$\frac{16670}{1375}$ = *Comp.* 12.13, *Tirage,* 5, », *Papier,* 23, » } $\frac{40,13}{4}$ = R. *Le mille d'ex. rev. à* 10,04.

N. B. -- On remarquera que moins le nombre du tirage est élevé, moins il est avantageux de multiplier la composition. (voir plus bas, page 34 *n.* 29.)

§ 3. *Utilité des Compositions multiples, Et des Mariages.*

(27) Pour apprécier l'avantage qu'il peut y avoir à faire plusieurs compositions, prenons un exemple quelconque.

Soit une demande de 8000 circulaires in-8° d'une page, sur papier de 10 fr. la rame. On suppose la composition de cette page à 0,75 cent.

1 comp. *Taux d'imp.* 2,57 } 5,07 le mille d'ex. rev. à 5,07.
Papier. . . 2,50 }

4 comp. *Taux d'imp.* 6,50 } $\frac{16,50}{4}$ = 4,27 le m. d'ex. rev. à 4,12
Papier. . 10, }

Avec 4 comp., différence et bénéfice par *mille* ex. 0,95

(Bénéfice duquel, à la rigueur, il faudrait déduire une *partie* de ce que le tirage qu'on retranche aurait gagné par ses étoffes. Il est dit *une partie*, car comme les étoffes de la composition augmentent avec elle, il y a quelque compensation, ce qui réduit la différence à peu de chose.)

(28) Pour connaître, tout abord, s'il y a ou non, bénéfice à faire plusieurs compositions ou reports, il faut multiplier le *taux de tirage* simple (ligne E.), par le nombre de cents ou de mille de la commande, et comparer ce produit avec le prix de la composition unique, simple, c'est-à-dire sans comprendre aucunes étoffes non plus.

Ensuite multipliant l'une et divisant l'autre, il faut que ce que l'on retranche sur le tirage soit plus fort que ce que l'on ajoute à la composition, pour qu'il y ait bénéfice à le faire.

Par exemple si, en retranchant la moitié du tirage, cette moitié est plus forte que la composition, on double celle-ci avec avantage. De même si pour 4 compositions on augmente celle-ci de 3 fois son prix, il faut que les 3/4 qu'on retranche du tirage produisent plus que les 3 compositions que l'on ajoute.

(29) Pour plus de clarté reprenons l'exemple ci-dessus et appliquons-lui ces observations.

1 Comp. . . 0,75 . . . . Tir. 1,45×8=11 fr. 60
2 Comp. . . 1,50 . . . ½ Tir. . . . . . 5 fr. 80
(On ajoute 0,75; on retranche 5,80 — *Il y a bénéfice.*)

4 Comp. . . 3,00 . . . . . $\frac{1}{4}$ Tir. . . . 2 fr. 90.

(On ajoute 3—0,75=2,25 ; on retranche 11,60—2,90=8,70)
Il y a donc encore plus de bénéfice à faire 4 compositions.

Et tant que la composition ainsi multipliée offre, relativement à ce qu'on retranche sur le tirage, un bénéfice à faire, il est avantageux, évidemment, de la multiplier *si le matériel le permet.*

Mais si la composition était d'un prix élevé, alors ce que l'on gagnerait sur le tirage, en le réduisant, ne compensant plus l'augmentation de la composition, il serait plus avantageux, dans ce dernier cas, de se borner à un demi-tirage avec deux compositions seulement, ou même le plus souvent d'effectuer le tirage en entier avec une composition unique; avec d'autant plus de raison que plus on fait de compositions, plus il y a de mise en train, de corrections, de pliage après l'impression, et, à moins d'un tirage important, l'avantage qu'offrent plusieurs compositions n'est pas toujours aussi net qu'il le paraît d'abord, pour peu que la composition soit longue, délicate, ou que la presse fonctionne vite.

Du reste, les avantages des compositions multiples ne peuvent guère concerner que les presses à bras ordinaires, ou les presses lithographiques et autres semblables, car maintenant avec les presses mécaniques, le tirage est si prompt et par conséquent comparativement si peu élevé, qu'il faut des cas exceptionnels pour multiplier la composition avec quelque avantage.

(30) Ce qui vient d'être dit sur les compositions multiples, peut s'appliquer en partie à ce qu'on entend en imprimerie par *mariages* ou impressions simultanées sur la même feuille, de plusieurs compositions différentes, avec cette notable différence toutefois, que la composition relative à chaque objet étant indispensable, on fait sur le tirage un bénéfice tout clair. Mais il n'est pas toujours facile d'utiliser ce moyen, à cause des conditions qu'il réclame pour le format, la qualité du papier et le nombre des exemplaires afférents à chaque commande, de même que pour les diverses manipulations souvent nécessaires.

CHAPITRE V.

EXPLICATION ET EMPLOI

DU TARIF GÉNÉRAL POUR OUVRAGES-DE-VILLE.

Section première.

TABLATURE DES RENVOIS PLACÉS DANS LE TARIF GÉNÉRAL DES IMPRIMÉS DITS OUVRAGES-DE-VILLE ET RENVOYANT A DES NOTES EXPLICATIVES.

A. --- *Taux de composition* (avec étoffes 66,66 *p.* o/o), afférents à chaque cent ou à chaque mille du nombre d'une demande.

Ce sont chacun des nombres inscrits et composant le Tarif particulier (*p.*17, *n*o 1, *et p.* 19 *n.* 4.)

B. --- *Taux de tirage* p. o/oo y compris leurs diverses étoffes, pour varier et remplacer ceux du tarif particulier.

Ce sont chacun des nombres du tableau des variations du tirage, tableau placé au-dessus du tarif particulier. (*p.* 44 *n.* 34, *et p.* 24 *n.* 12.)

C. --- *Taux du papier* ou du *carton.*

Ce sont chacun des nombres composant le

tableau multiple et unique longeant le côté droit du tarif particulier (*p.* 26, *n.* 14 *et suiv.*)

D. --- Nombres de *cents* ou de *mille* exemplaires auxquels on doit imprimer un *ouvrage-de-ville* quelconque.

Ce sont chacun des nombres de 1 à 15 et 20, composant la ligne horizontale D, placée en tête du Tarif particulier.

E. --- *Taux systématiques de tirage* p °/₀°, afférents à chaque nombre de cents ou de mille exemplaires de la susdite ligne D.

Ce sont chacun des nombres des deux lignes horizontales E, séparées par un trait et placées immédiatement au-dessous des nombres de *cents* ou de *mille* exemplaires de la commande D. Les taux supérieurs sont afférents à chaque nombre de *mille* et les inférieurs à chaque nombre de *cents* exemplaires de cette commande.

Ces taux systématiques p °/₀° sont pris ici arbitrairement, mais ayant entr'eux et l'importance de la commande, l'analogie recommandée p. 22 et suiv., c.-à-d. qu'ils vont en décroissant à mesure que le tirage augmente, mais de telle façon que le prix total pour chaque nombre successif de tirage, grandit en même temps que le tirage lui-même, évitant surtout que deux tirages quelconques d'inégale importance ne reviennent au *même prix*, ou qu'un plus fort tirage ne produise *moins* qu'un autre qui serait moins fort, *et vice versa*.(*p.*22 *n.*9.)

Si les taux de cette ligne E diffèrent si fort entr'eux, c'est par ce que, outre qu'ils vont en décroissant suivant l'importance de la commande, ils comprennent en sus une certaine *mise-en-train* pour le premier cent, mise-en-train qui doit être et se trouve répartie sur chaque nombre de cents ou chaque nombre de mille d'une commande (*page* 24, *n.* 11.)

F. --- *Taux moyens* de Tirage, *par cent et par mille* exemplaires, en y comprenant le premier cent ou premier mille comme les autres, et suivant l'importance de la commande, c'est-à-dire suivant les taux systématiques adoptés dans l'en-tête, desquels ils dérivent et auxquels on a compris les étoffes à 66,66 p. %.

La ligne supérieure est pour les taux p. ‰

La ligne inférieure est pour les taux p. %.

Ce sont chacun des nombres des deux lignes F, placées immédiatement au-dessus des taux de composition. (*p.* 24, *n.* 12.)

Ainsi par exemple, pour une commande de 500 exemplaires, le *prix moyen* de tirage pour chacun de ces 5 cents, est de 0 f. 75 ; pour 5 mille, il est de 2 f. 95 ; pour 3 mille, il est de 3 f. 50 etc. etc.

A ces taux de tirage *par cent et par mille*, on ajoute le taux de composition pris au-dessous, dans la même colonne, plus le taux du papier pris dans le tableau C, ce qui forme le prix complet *par cent et par mille* exemplaires de la commande,

G. --- *Taux d'impression* du tarif particulier, afférents à chaque *cent* ou *mille* SUIVANT, quand on fait le prix d'un premier cent ou d'un premier mille.

Ce sont chacun des nombres des deux lignes G, placées dans l'en-tête du tarif particulier. (*p.* 44, *n.* 35.)

A ces taux, on n'ajoute simplement que le taux du papier ; car la composition et la mise-en-train sont comprises en entier sur le prix du premier cent ou premier mille.

Ainsi, par exemple, si la commande est de 6 mille, le taux moyen pour les 5 mille suivants, sera de 2 f. 30 plus le papier ; si pour 5 cents, le taux moyen des 4 cents *suivants* sera de 0 f. 50 plus le papier, etc. etc. (voir le Tarif.)

H. --- Prix d'impression de *chaque cent* et de *chaque mille* SUCCESSIF, en conservant le prix afférent à chacun des précédents, de manière à obtenir en les additionnant tous ensemble, exactement le même résultat qu'on obtiendrait, soit avec le *taux moyen par cent ou par mille*, soit avec le prix d'un premier cent ou premier mille plus le taux moyen des suivants.

Au premier cent ou au premier mille seulement,

on ajoute la composition prise au-dessous dans la même colonne n° 1, puis le papier, tableau C. -- A chacun des autres, on n'ajoute rien, que le papier, puisque le premier cent ou le premier mille comprend toute la composition et la mise-en-train voulues.

Ainsi, par exemple, au premier cent 1 f. 75, ou au premier mille 5 fr., on ajoute le taux de composition même colonne n° 1 ; le prix du 2e cent est de 0 f. 65 plus le papier ; du 5e cent, 0 f. 40 plus le papier ; du 4e mille, 2 f. 25 plus le papier ; du 9e mille 1 fr. plus le papier, etc. etc.

N.B. --- Les prix successifs, quand on ne veut pas employer de *taux systématiques*, c'est-à-dire en employer un spécial pour chaque nombre de cents ou de mille d'une commande, mais qu'on préfère adopter un taux de tirage unique pour tous les cents ou tous les mille d'une commande ; ces prix successifs, disons-nous, ne diffèrent pas, dans ce cas, des prix *suivants* fournis par le tableau des variations B, lesquels taux sont ceux-là-mêmes qu'on a voulu choisir dans ce tableau comme taux de tirage par mille et auxquels on n'ajoute simplement que le taux du papier, sauf le premier cent ou le premier mille à l'un ou à l'autre desquels seulement on ajoute, en sus, la composition.

Pour le cas cependant où, tout en rejettant les taux systématiques employés dans le Tarif particulier, on voudrait en avoir d'autres analogues mais plus à sa convenance, c'est-à-dire plus forts ou plus faibles, on pourrait s'en former de proportionnels à ceux dudit Tarif particulier, de la manière suivante, en prenant pour terme de comparaison le taux afférent à l'un d'entr'eux, n'importe lequel, par exemple à celui du premier mille qui est ici 3 fr. de manière que si, au lieu de 3 fr. on préférait 4 fr., on augmenterait chacun des autres taux proportionnellement, en faisant pour chacun d'eux une règle de trois, disant : si 3 fr. deviennent 4 fr., que deviendront 2 fr. 40 ; 2 fr. 10 etc. etc. (voir le Tarif), ce qui fournirait, en l'espèce, les taux systématiques ci-dessous, en remplacement de ceux du Tarif particulier :

	Cents.									Mille.											
Nombres du Tirage	1	2	3	4	5	6	7	8	9	1	2	3	4	5	6	7	8	9	10	15	20
Taux du Tarif	10.50	7.20	5.82	5.04	4.50	4.08	3.78	3.48	3.24	3. ″	2.40	2.10	1.92	1,77	1.65	1.54	1.45	1.35	1.35	1.35	1.35
Taux proportionn.	14. ″	9.60	7.76	6.72	6. ″	5.44	5.04	4.64	4.32	4. ″	3.20	2.80	2,56	2.36	2.20	2.05	1.93	1.80	1.80	1.80	1.80

Si, aulieu de 4 fr., on préférait 3 fr. 50 pour le premier mille, on aurait :

Taux proportionn.	12.25	8.40	6.79	6.88	5.75	4.76	1.41	4.06	3.78	3.50	2.80	2.45	2.24	2.06	1.92	1.80	1.70	1.58	1.58	1.58	1.58

Et ainsi de suite, pour tout autre augmentation ou diminution voulue ; puis, avec ces nouveaux taux systématiques préférés, et avec telles étoffes voulues, on établirait de nouveaux prix SUCCESSIFS, SUIVANTS, *et* PAR CENT ET PAR MILLE *qui leur seraient correspondants, lesquels formeraient un nouvel en-tête au Tarif particulier.*

EXEMPLE : En supposant le premier mille à 4 fr. °/₀₀ et les étoffes à 50 °/₀

Nombres du Tirage	1	2	3	4	5	6	7	8	9	1	2	3	4	5	6	7	8	9	10	15	20
Systématiques	14. ″	9.60	7.76	6.72	6. ″	5.44	5.04	4.64	4.52	4. ″	3.20	2.80	2.56	2.36	2.20	2.05	1.95	1,80	1.81	1.80	1.80
Succesifs	2.10	0,78	0.63	0.53	0.46	0.42	0.40	0.28	0.25	6. ″	3.60	3. ″	2.76	2.34	2.10	1.76	1.64	1.10	2.70	2.70	2.70
Suivants	2.10	0.78	0.71	0.64	0.60	0.56	0.54	0.50	0.47	6. ″	3.60	3.50	3.12	2.93	2.76	2.60	2.46	2.29	2.36	2.47	2.53
Par cent, par mille	2.10	1.44	1.17	1.01	0.90	0.82	0.76	0.70	0.65	6. ″	4.80	4,20	3.84	3.54	3.30	3.08	2.90	2.70	2.70	2.70	2.70

Ou, si l'on supposait le premier mille à 3 fr. 50 et les étoffes à 25 °/₀

Systématiques	12.50	8.40	6.99	5.88	5.75	4.76	4.41	4.06	3.78	3.50	2.80	2.45	2.24	2.06	1.92	1.80	1.70	1528	1.58	1.58	1.58
Successifs	2.05	0.75	0.62	0.50	0.48	0.40	0.38	0.26	0.25	5.84	3.50	2.93	2.69	2.19	2. ″	1.80	1.64	1.12	2.64	2.64	2.64
Suivants	2.05	0.75	0.69	0.63	0.59	0.55	0,52	0.49	0.45	5.84	3.50	3.22	3.04	2.84	2.67	2.53	2.40	2.24	2.29	2,41	2.47
Par cent, par mille	2.05	1.40	1.14	0.98	0.88	0,80	0.74	0.68	0.63	5.84	4.67	4.09	3.74	3.44	3.20	3. ″	2.84	2.64	2.64	2.64	2.64

Mais ce serait là un petit travail qu'on ne prendra probablement pas la peine de faire ; aussi n'est-il mentionné ici que comme complément au tableau, après avoir indiqué plus haut, page 39, le moyen de s'en passer, lorqu'on ne tient pas à coter chaque cent ou chaque mille successif d'un prix différent.

I. --- *Prix de composition* avec étoffes préférées, à prendre en remplacement du prix de la composition voulue placée sur la même ligne horizontale et dont on veut varier les étoffes, (*page* 19, *n.* 5.)

Ce sont chacun des nombres composant le tableau supplémentaire I, qui longe le côté gauche du tarif particulier dont la première colonne exprime un choix gradué de prix de composition.

Section deuxième.

EMPLOI DU TARIF GÉNÉRAL POUR OUVRAGES-DE-VILLE.

—

La multiplicité des procédés indiqués ci-après, afférents aux différents cas qui peuvent se présenter, ne devra pas rebuter, car tous ces détails qui peuvent paraître compliquer une question rendue des plus simples, deviendront inutiles une fois qu'on en aura pris connaissance. Ce ne sont là, pour ainsi dire, que des longueurs d'explication, nécessaires pour être mieux compris, et relatives à une foule de cas qui se présentent rarement pour la pluspart, lesquels cas dans la pratique, peuvent tous être ramenés à une seule règle générale aussi simple que facile à suivre.

ART. I. — COMPOSITIONS UNIQUES.

§ 1. EN ADOPTANT LES CONDITIONS DU TARIF PARTICULIER.

Prix par cent ou par mille exemplaires.

(31) Pour tel ouvrage-de-ville que ce soit : composition typographique, écriture, dessin lithographique, etc., qu'on ait à imprimer, on évalue la main-d'œuvre un prix quelconque. Ce prix quelconque, on le trouve parmi ceux gradués dans la 1re colonne du Tarif particulier, et à ce prix correspond, sur la même ligne horizontale, un nombre inscrit dans la colonne verticale du nombre de cents ou de mille exemplaires de la commande. (*page* 17, *n.* 1.)

Ce nombre est le *Taux de composition* à prendre, c'est-à-dire le prix de composition afférent à chaque cent ou à chaque mille exemplaires, pour tel nombre de cents ou de mille demandés. (*page* 19 *n.* 4.)

A ce *taux de composition* on ajoute, pour le tirage, l'un des deux nombres placés immédiatement au haut de la colonne et séparés par un trait, le supérieur si les exemplaires se comptent par *mille*, l'inférieur si les exemplaires se comptent par *cent*; et cela, sans les écrire, c'est-à-dire qu'on les additionne à la simple vue, ce qu'un peu d'habitude rend très-facile. Cette somme est le *Taux d'impression par cent* ou le *Taux d'impression par mille*, suivant le tirage pris au bout supérieur de la même colonne. (*p.* 24, *n.* 12.)

Si à ce *taux d'impression* on ajoute le *taux du papier* ou *du carton* pris dans le tableau adjacent C, on aura ainsi formé le prix complet *par cent* ou *par mille exemplaires*. (*p.* 27.)

—

Prix total des exemplaires d'une commande.

(32) Pour avoir le prix total d'un nombre quelconque d'exemplaires, il suffit évidemment de multiplier ce nombre par le prix d'un cent ou d'un mille ci-dessus, et le produit donnera le prix total des exemplaires.

Prix d'un premier cent ou d'un premier mille, et Prix des cents et mille SUIVANTS.

(33) Le prix d'un premier cent ou d'un 1er mille, considéré isolément et comme si le tirage ne devait point aller au-delà, doit comprendre toute la composition plus une mise-en-train quelconque, soit qu'on ajoute cette dernière à part, soit qu'on la comprenne dans la composition en la lui ajoutant avant d'en prendre le *taux* dans les colonnes du tarif.

Ce prix doit donc évidemment être plus élevé que celui de chaque cent ou chaque mille consécutif qu'on imprimerait en sus, lesquels ne devant plus contenir rien de tout cela, puisque c'est déjà compté une fois sur le premier cent ou le premier mille, se composent uniquement du tirage avec ses étoffes, plus le papier.

Or, le prix de ce premier cent ou de ce premier mille est indiqué dans la première colonne verticale du tarif particulier. Il suffit donc, comme il vient d'être dit, d'ajouter mentalement au *taux de composition,* l'un des 2 taux *de tirage* placés au haut de la même colonne, le supérieur si les exemplaires se comptent par mille, l'inférieur si les exemplaires se comptent par cent ; et l'on joint ensuite à cette somme, le *taux du papier* ou *du carton* du tableau C, qui longe le tarif. On aura ainsi le prix du premier cent ou du premier mille d'exemplaires.

Le prix de chaque cent suivant ou de chaque mille suivant, se trouve, également sans calcul, sous le nombre de la commande, sur l'une des deux lignes horizontales G placées dans l'en-tête. On prend le nombre supérieur pour les mille, ou l'inférieur pour les cents exemplaires de la commande, et on lui ajoute le papier. (*p* 25 *n* 13 *et p.* 31 *n.* 24)

N. B. — Si l'on avait à imprimer sur composition conservée, on se bornerait à considérer la mise-en-train qu'on veut prendre, comme prix de cette composition, et on agirait pour tout le reste comme ci-dessus.

Prix successifs de chaque cent ou de chaque mille.

Comme pour les prix des *suivants*, ci-dessus, le prix du premier cent ou du premier mille est indiqué dans la première colonne verticale du Tarif particulier, et chacun des autres l'est dans l'en-tête, lignes horizontales H, à chacun desquels il suffit d'ajouter le taux du papier, tableau C.

L'addition de tous ces prix successifs fournit le prix total de la commande. (*Pour plus de détails, voir p.* 38 *note* H.)

§ 2. EN EMPLOYANT DES CONDITIONS DIFFÉRENTES DE CELLES DU TARIF PARTICULIER.

(34) Quelles que soient les conditions voulues, les procédés à suivre sont exactement ceux qu'on vient d'examiner ; il n'y a uniquement qu'à remplacer le taux de tirage du tarif particulier par celui qu'on voudra dans les variations (tableau B), lesquels taux sont des taux de tirage par *cent* en reculant la virgule d'un rand à gauche, ou des taux de tirage par *mille* exemplaires en les prenant tels quels. (*p.* 24, *n.* 12.)

(35) Ces mêmes taux pris purement et simplement, sans autre addition que le papier, seront les taux d'*impression* des cents ou mille exemplaires *suivants*, quand on fera le prix d'un premier cent ou d'un premier mille, ou bien les taux d'*impression* des cents ou mille *successifs*, quand on conservera tous les prix précédents. (*Page* 38.)

Quant aux taux de composition, ils se varient d'eux-mêmes

en prenant pour nouvelle composition le nombre placé à côté de la première, sous les étoffes préférées. (*p.* 19 *n.* 5 *et* 6)

§ 3. EN EMPLOYANT UN NOMBRE DE TIRAGE FRACTIONNAIRE.

—

Prix par cent ou mille exemplaires.

Prendre pour *taux de composition*, celui placé sous la partie entière du nombre, et, le comparant avec le suivant qui limite ses variations, le diminuer suivant l'importance de la fraction (*voir page* 31, *n.* 23) ; puis pour tout le reste, agir comme ci-devant. (*p.* 42.)

Prix d'un premier cent ou d'un premier mille, et des suivants.

Prix successifs.

Pas de différence : suivre le procédé général (*p.* 42 .)

Prix total des exemplaires.

Employer le procédé du premier cent et premier mille et des suivants, en effectuant le produit de ces derniers.

C'est-à-dire, au prix du premier cent ou du premier mille, ajouter le produit des cents ou des mille suivants, en multipliant par ce prix d'impression des suivants, le nombre fractionnaire de la demande (*p.* 43.)

ART. II. — COMPOSITIONS MULTIPLES.

§ 1. SI LE NOMBRE DU TIRAGE EST UN NOMBRE ENTIER.

—

Prix par cent ou mille exemplaires.

Considérer le groupe de compositions, comme une seule affectée d'un prix unique, et suivre le pocédé général pour tous les cas (§ 1. *p.* 42, *et p.* 32.)

On divise ensuite le résultat par le nombre de compositions, afin que ce résultat soit afférent au nombre d'exemplaires isolés. (*p.* 32 *n.* 26.)

Prix total des exemplaires.

Considérer également toutes les compositions comme une seule, et suivre le procédé général (*p.* 43 *n.* 32.) sans rien changer au résultat.

Prix du premier cent ou premier mille d'exemplaires, et Prix des cents ou mille suivants.

Pour un premier cent ou mille, prendre, suivant le procédé général (§ 1.), le prix du premier cent ou du premier mille afférent à la composition multiple et unique, et le diviser par le nombre de compositions, ce qui donne le prix du premier cent ou premier mille *d'exemplaires.*

Pour les mille ou cents suivants, prendre de même (§1.) le prix des cents ou mille suivants, et le diviser aussi par le nombre de compositions, ce qui donne les prix des *suivants* relativement aux exemplaires isolés.

Prix successifs de chaque cent et de chaque mille d'exemplaires.

Pour avoir les prix successifs de chaque cent ou mille d'exemplaires, procéder comme ci-dessus, en prenant les prix des *successifs,* ligne H, au lieu de prendre ceux des prix des *suivants,* ligne G.

§ 2. SI LE NOMBRE DU TIRAGE EST FRACTIONNAIRE.

Agir, pour tous les cas, purement et simplement comme ci-dessus, en remplaçant seulement le procédé général par celui du §3, *p.* 45.

SPÉCIMEN

*De Tarif pour Ouvrages-*de-*Ville, établi suivant des conditions particulières.*

Avant de clore cette première partie, il reste à parler du petit tableau ou spécimen placé immédiatement après le tarif général des ouvrages-de-ville. Or, ce tableau n'est pas autre chose que le Tarif particulier inscrit dans le Tarif général, duquel il a été détaché ; avec cette seule différence que, dans ce dernier, ses bases sont mobiles, isolées et peuvent y être variées ou remplacées par d'autres, à volonté, tandis que dans celui-ci, le tirage et la composition ainsi que leurs étoffes, sont réunis dans un même nombre, lequel devient ainsi *taux d'impression,* et auquel il suffit d'ajouter *le papier,* ce qui rend ce petit tarif d'un usage aussi simple qu'expéditif. Mais comme les conditions constantes et invariables sur lesquelles il est établi ne sauraient convenir pour tous, il n'est ici donné que comme spécimen, pour le cas où, reconnaissant la commodité d'un pareil petit tableau, on désirerait s'en construire un analogue, suivant les conditions que l'on aurait adoptées de préférence.

Après les explications détaillées données sur le tarif général, celles concernant ce spécimen de Tarif particulier, deviennent superflues, et il serait aussi inutile que fastidieux de les répéter. Il suffira de dire que ce Tarif particulier possède tous les mêmes avantages du Tarif général qu'il tend à simplifier encore ; seulement, et par celà-même qu'il le simplifie, il ne peut servir que pour des conditions d'impression invariables et arrêtées d'avance.

FIN DE LA PREMIÈRE PARTIE.

SECONDE PARTIE.

LABEURS.

*

VADE-MECUM DE L'IMPRIMEUR

ET DE TOUS CEUX QUI FONT IMPRIMER

OU

COMPTES-FAITS PANTOGRAPHIQUES.

SECONDE PARTIE.

Labeurs.

Par *Labeurs* on entend, en imprimerie, tous les imprimés dont chaque feuille de papier pliée dans le format voulu, présente une suite de pages dont les numéros ou folios se succèdent régulièrement, en plaçant successivement après leur impression, les diverses feuilles ainsi pliées en forme de cahiers, les unes à la suite des autres, de manière à composer un Livre ; de sorte qu'en terme d'Imprimerie, les mots *Livres* et *Labeurs* sont synonimes.

Par extension, on donne aussi le nom de *petit Labeur* (ou *petit Livre*) à toute impression faite dans les conditions ci-dessus, quoique ne se composant que de peu de feuilles, d'une seule feuille, ou même d'une fraction de feuille, pourvu que la composition étant assez abondante et ne comportant d'autre travail dans sa disposition que celui de remplir la ligne, soit susceptible de s'évaluer *à raison de tant par mille lettres,* sans quoi cette même impression serait considérée comme *ouvrage-de-ville* et rétribuée en conséquence, car en général les Labeurs, toutes proportions gardées, ne se paient pas aussi cher que les *ouvrages-de-ville,* à cause de l'importance relative du labeur qui présente à l'ouvrier une suite plus ou moins longue et non interrompue de manipulations semblables.

On a ajouté le mot, *en général,* car il peut arriver que

des Labeurs, très-soignés ou un peu compliqués, nécessitent pour leur composition une augmentation de prix telle, que si l'on comparait un ouvrage-de-ville avec un labeur, en supposant de part et d'autre un nombre de tirage égal, le prix de la même quantité de papier employé de celui-ci pourrait fort bien égaler et même le plus souvent surpasser le prix de cette même quantité de papier employé pour l'*ouvrage-de-ville*, surtout si ce dernier nécessitait peu de travail dans sa composition.

Ce qui vient d'être dit jusqu'ici, dans la première partie, est relatif à toutes les sortes d'impressions, *les Labeurs seuls exceptés*. Or, comme ce dernier sujet, *les Labeurs*, a déjà été traité en grand avec tous les détails que comportait cette vaste matière, dans un précédent ouvrage qui lui est spécialement consacré et qui a pour titre, TARIF GÉNÉRAL POUR LABEURS, etc. on s'est borné à donner ici, comme complément indispensable de cette brochure, seulement un Extrait de cet ouvrage, mais un extrait consciencieux, lequel pourra être très-utile dans une foule de cas, pour les conditions d'impression qui se présentent le plus fréquemment.

CHAPITRE PREMIER.

EXPLICATION DU TARIF PARTICULIER POUR LABEURS, DONNÉ COMME SPÉCIMEN.

(A.) -- Nombres de cents ou de mille auxquels on veut que la feuille soit tirée. (Pour tout nombre compris entre chaque cent ou entre chaque mille, voir page 54.)

(B.) --- Taux p. o/oo de Tirage (*simple*, c'est-à-dire pour un seul côté de la feuille, le *recto* ou le *verso*).

(C.) — Prix de Tirage pour *chaque cent* et pour *chaque mille*, afférents aux taux o/oo ci-dessus, en y comprenant les étoffes à 50 o/o, et en les rapportant à la feuille, c'est-à-dire, en considérant le tirage comme double (*recto* et *verso*).

(D.) --- Prix de Tirage comprenant les étoffes à 50 %, pour tout un nombre de cents ou de mille feuilles (*recto* et *verso*), afférents aux nombres de cents ou de mille placés en tête et suivant les taux p. %o de tirage simple de la ligne horizontale B.

Ces prix de Tirage comptent, pour chaque *cent* feuilles *recto* et *verso*, 1 fr. 20, résultat des conditions de ce Tarif particulier, plus une addition de 2 fr. pour la mise-en-train du premier cent ; et pour chaque *mille* feuilles, *recto* et *verso*, à partir du deuxième mille inclusivement, 9 francs, plus une addition sur le prix total de la commande, de 5 fr. (2 fr. pour la susdite mise-en-train et 3 francs pour conserver la différence du premier mille aux mille suivants), car, d'après la remarque de la page 33, le premier mille est ici considéré comme un dixième cent ajouté aux neuf précédents.

Cependant si, pour plusieurs mille, on ne voulait pas faire de différence entre le premier mille et les mille suivants, il serait toujours facile de retrancher ces 3 fr. du prix de la feuille.

De même si, au lieu de 2 fr. de mise-en-train, on en voulait une plus forte, rien de plus facile que d'augmenter ces prix d'impression de la différence voulue.

Les nombres de cette ligne D, qui expriment le Prix du Tirage seul avec ses étoffes, peuvent encore servir pour le cas où l'on voudrait varier le prix de la composition ou de ses étoffes. Il suffirait, dans ce cas, de calculer la composition comme on l'entendrait, soit à l'aide du Tableau n° 1 ci-devant, soit autrement, et de la leur ajouter.

(E.) — Tous les nombres inscrits dans les colonnes de ce Tableau, dérivent des bases établies ci-dessus. Ils indiquent le PRIX D'IMPRESSION pour tout un nombre de cents ou de mille auquel on tire la feuille. On les a formés comme suit : Aux produits des *taux* de la ligne B, c'est-à-dire aux *prix* de tirage de la ligne D, on a ajouté successivement le prix de composition de la feuille, suivant le nombre de mille lettres qu'elle contient et à raison de 50 cent. les mille lettres, prix augmenté de ses étoffes à 50 %, ce qui, dans l'espèce, a fait progresser les prix de ce tarif de 0,75 c. en 0,75 c. en passant successivement d'un nombre de mille lettres au suivant, dans chaque colonne verticale.

Si on voulait la Composition à tout autre prix des mille

lettres, ou à des étoffes différentes, on conçoit que cela donnerait lieu à une *raison* de progression différente, à ajouter successivement au produit du tirage, en remplacement de celle ci-dessus qui est de 0,75 cent.

(F.) — Les nombres inscrits dans les colonnes de ce Spécimen, à partir de la note F, expriment la valeur du Papier, suivant le prix de la Rame et suivant le nombre de cents et de mille auquel on tire la feuille, y compris le *Chaperon* ou *main de passe* par chaque rame.

PROCÉDÉ.

De ce qui précède, il suit que :

I°. --- *Pour avoir le prix d'une feuille tirée à un nombre rond de cents ou de mille*, il suffit de prendre la somme placée sous ce nombre rond, vis-à-vis le nombre de mille lettres qu'elle contient, et de l'ajouter à celle prise dans la même colonne, vis-à-vis le prix de la rame de papier ;

II° --- *Pour avoir le prix d'une feuille tirée à un nombre quelconque fractionnaire de cent ou de mille*, prendre d'abord comme ci-dessus la somme afférente au nombre rond de cents ou de mille, en négligeant la fraction ; puis pour cette fraction, multiplier par elle le prix d'un cent de feuilles de papier, (colonne H), augmenté de l'un des nombres de la ligne C, c'est-à-dire de 1 f. 20 si c'est une fraction de *cent* ou de 0,90 si c'est une fraction de *mille*, et, ayant séparé les décimales de ce produit, l'ajouter au premier.

Exemple.

On a à imprimer 250 exemplaires d'un mémoire sur procès, avec du papier de 9 fr. la rame. A combien reviendra la feuille, si elle contient 27 mille lettres ?

Pour 200 exemplaires	*Impression*, 24,65 *Papier*, 3,78		28,43
Pour les 50 exemp. en sus	*Papier*, 1,89 *Tirage*, 1,20	3,09 × 0,50 =	1,55
			29,98

R. — Le prix de cette feuille, tirée à 250 exemplaires, sera de 30 fr.

(G.) — L'étendue de ce Spécimen peut être augmentée dans tous les sens, suivant l'urgence des cas exceptionnels :

1° *Pour les prix d'impression*, on l'allonge par le bas, en ajoutant au dernier *Prix* inscrit, autant de fois 0,75 c. que la feuille contiendrait de mille lettres en plus de 45 mille.

On l'augmente à droite en ajoutant aux derniers prix obtenus, autant de fois 9 francs qu'on aurait de mille à tirer en plus de 10 mille.

2° *Pour les prix du papier*, on l'allonge par le bas en doublant les prix ; par exemple, pour papier à 15 francs, en doublant les prix correspondant à 7 fr. 50, etc., etc.

On l'allonge à droite en ajoutant aux derniers prix inscrits, autant de fois celui du premier mille qu'on aurait de mille à tirer en plus de 10 mille.

—

Avec un Tarif analogue à ce spécimen, et particulier à des conditions quelconques, on voit que pour avoir le prix d'une feuille de labeur (tout compris : composition, tirage, étoffes, mise-en-train, papier, chaperon, nombre d'exemplaires), il suffit d'additionner *deux nombres pris dans la même colonne verticale* : l'un pour l'*impression*, l'autre pour le *papier*.

—

N.-B. Ce Tarif-Spécimen, suppose connu le nombre de mille lettres contenues dans la feuille. Les taux des étoffes, inscrits dans les trois tableaux qui l'accompagnent, y sont également en nombre limité ; car ce ne sont là que de faibles aperçus des *Comptes-Faits typographiques* ou *Tarif général pour Labeurs*, ouvrage qui comporte tous ces compléments.

REMARQUE I. --- On peut remarquer que les prix, en passant d'un cent à un autre jusqu'à 1 mille inclusivement, progressent d'une même quantité, et d'une même quantité aussi du premier mille à chaque mille suivant, et qu'il en serait de même avec toute Composition différente, puisqu'elle ne varie point suivant la quantité du Tirage, les prix duquel, seuls, augmentent plus ou moins suivant son importance. Or, ici les prix des cents progressant de 1 fr. 20 et les mille de 9 fr., il est clair d'après cette remarque, que ce tarif pourrait être réduit à 2 colonnes verticales : une pour les premiers cents et une autre pour les premiers mille, et que :

Pour obtenir le prix d'impression de n'importe quel nombre de cents ou de mille feuilles, il suffirait de multiplier, pour la première cathégorie, le nombre de feuilles à tirer en sus du premier cent, par 1 f. 20 ; et pour la seconde cathégorie, à multiplier le nombre de feuilles, en sus du premier mille, par 9 fr., et d'ajouter le produit au prix du premier cent ou du premier mille, après en avoir séparé les décimales. Le résultat exprimerait le *Prix de l'impression.*

Pour le *Prix du papier*, multiplier simplement le prix du papier du premier cent ou celui du premier mille, par tout le nombre de feuilles à tirer, et au produit précédent ajouter celui-ci, après en avoir séparé les décimales.

On aurait ainsi le prix total de la feuille, *impression* et *papier.*

Exemple. --- Reprenons celui ci-dessus.

Premier cent.	*Impression*.	23,45
Cents suivants	*Impression* 1,50×1,20=	1,80
Papier.	1,89×2,50=	4,73
Même résultat pour le prix de la feuille		29,98

Remarque II. --- Cette méthode de calculer le prix d'une feuille, employée dans la remarque n° 1 ci-dessus, suivant des conditions fixées d'avance, pourrait être généralisée, et être employée pour obtenir le même résultat pour toutes les suppositions de conditions :

1° *Pour avoir le prix d'impression*, en multipliant le nombre de feuilles à tirer par tout autre raison de progression voulue pour les cents, que celle de 1,20 ; et pour les mille par tout autre raison de progression voulue que celle de 9 fr., et en ajoutant à ce produit, avec la mise-en-train voulue, telle composition qu'on voudrait et que fournit le tableau n° 1 ci-devant.

Quant à la raison de progression à fixer pour les cents comme pour les mille, on pourrait choisir celle qu'on voudrit dans le tableau de tirage n° 2, laquelle correspond horizontalement aux taux p. °/°° de tirage et verticalement aux étoffes qu'on préfèrerait. Cette progression est indiquée seulement pour les mille, mais le simple déplacement de la virgule indique celle pour les cents.

2° *Pour avoir le prix du papier*, en suivant purement et

simplement la méthode de la remarque n° I., sans modification.

Pour exemple de ce cas, se reporter à celui indiqué pour l'emploi des trois tableaux, page 58.

Mais toutes ces abréviations, comme on aura occasion de le remarquer page 59, n'abrégent que le tarif qu'on peut très-bien établir à temps perdu, et compliquent les opérations pour le moment précisément où il pourrait être plus utile ou plus agréable de n'en point avoir à faire.

Il est donc préférable d'adopter un Tarif analogue au Spécimen proposé, où les résultats voulus répondent à un coup d'œil.

CHAPITRE II.

EXPLICATION DES TROIS TABLEAUX QUI ACCOMPAGNENT LE TARIF-SPÉCIMEN POUR LABEURS.

Composition et ses étoffes, Tirage et ses étoffes, Papier et son chaperon; trois Tableaux donnant les trois parties constitutives du prix d'une feuille de Labeur, pour servir : soit à établir ce prix directement en faisant les simples opérations qu'ils indiquent, soit *principalement* et pour plus de simplicité dans la pratique, à établir un Tarif analogue à celui du Spécimen, lequel pour des conditions de tirage et de composition arrêtées d'avance et permanentes, fournit le prix instantanément et sans calcul.

Tableau n° 1. — Composition.

Les nombres de ce Tableau sont ceux par lesquels il suffit de multiplier *le Prix de Composition qu'on veut prendre par mille lettres* pour obtenir au produit *le Prix total de la Composition de la feuille,* suivant le nombre de mille lettres contenues dans la feuille et suivant les étoffes voulues sur la Composition.

Tableau n° 2. — Tirage.

Les nombres de ce Tableau sont ceux par lesquels il suffit de multiplier *le nombre auquel la feuille est tirée* pour obtenir au produit *le Prix total du Tirage (recto et verso)*, suivant le taux voulu p. °/₀₀ et suivant les étoffes voulues sur le Tirage. — A ce produit on ajoute ce qu'on veut pour la *mise-en-train.*

N. B. --- Séparer à la droite du produit, les décimales des deux facteurs seulement, si les exemplaires se comptent par *mille*, et en retrancher un en plus s'ils se comptent par *cents*, car ces nombres expriment le prix par mille feuilles de tirage.

Tableau n° 3. — Papier.

Les nombres de ce Tableau sont ceux par lesquels Il suffit de multiplier *le nombre auquel on tire la feuille* pour obtenir au produit *le Prix du Papier de cette feuille*, suivant le prix de la Rame et y compris le *Chaperon* ou *main de passe par rame*, ce qui équivaut à 5 °/₀. — On sépare dans le produit une décimale en plus de celles des facteurs, si les exemplaires se comptent par *cents*, car ces nombres expriment le prix de mille feuilles.

—

Avec ces trois Tableaux, lesquels fournissent chacun une des trois parties constitutives du prix d'une feuille d'un labeur quelconque, on conçoit qu'on pourrait établir directement ce prix, en faisant les opérations indiquées.

Exemple. -- Nous reprenons le même que ci-devant, page 56, afin qu'on puisse plus facilement s'assurer que le résultat est identique. Nous supposerons donc les conditions comme il suit : la composition à 0,50 le mille, le tirage à 4 fr. le mille, les étoffes à 50 o/o, la feuille contenant 27 mille lettres, le papier à 9 fr. la rame, et le nombre d'exemplaires à 250 en comptant également 2 fr. pour la mise-en-train.

Composition.		40,50×0,50=20,25
Tirage. . . .	12, «	30,90×2,20= 7,73
Papier. . . .	18,90	
Mise-en-train.		2, «

Réponse. — Produit identique au précédent : 29,98. *(p. 56)*

Mais de tout ces procédés, le premier page 46, est toujours préférable, comme étant le plus expéditif.

Le dernier, ci-dessus, est bien également exact, et de plus *général*, mais il est plus long. Il subit le sort de tous les procédés qu'on veut pouvoir appliquer à trop de cas variables: plus on étend ces procédés, plus on les généralise, et plus par là-même on les complique. (*)

Ce procédé, du reste, n'est pas autre que celui indiqué dans la remarque nº I du spécimen proposé, mais procédé généralisé, c'est-à-dire qu'on vient de suivre de point en point la méthode de la remarque nº II.

Celle-même de la remarque nº I, qui est si simple, l'est cependant moins que le Spécimen dont elle paraît dériver, puisqu'en réduisant ce tableau à deux colonnes verticales, il exige de plus une multiplication, et prive en outre les yeux de pouvoir faire des comparaisons instantanées.

On donne donc ces trois Tableaux spécialement pour servir à établir plus facilement un tarif selon des conditions voulues, et analogue à celui proposé comme spécimen, plutôt que pour s'en servir directement, quoique au besoin on puisse très-bien les utiliser.

CHAPITE III ET DERNIER.

Prix du Labeur entier

Ou réponse à une observation qui a été faite relativement au Labeur entier.

Les quelques lignes suivantes sont destinées à venir en aide aux nouveaux Imprimeurs qui ne seraient pas encore habitués à calculer, à la hâte dans des moments pressants, le prix

---

(*) A moins de recourir à notre *Tarif Général pour Labeurs*, qui se prête exceptionnellement et avec bonheur à toutes les variations. Son étendue comprend toutes les modifications de *conditions*, depuis un mille inclusivement jusqu'à 180 mille lettres, et il fournit en outre le nombre de ces lettres que contient une feuille pour tous les formats, caractères, justifications, etc.

qui leur serait demandé pour un labeur entier, lesquelles trouvent ici naturellement leur place.

En effet, si, le prix d'une feuille de Labeur étant connu, on a le plus important, si cela suffit à l'imprimeur pour établir son compte final, et s'il est vrai que d'ordinaire la plupart des Editeurs s'en contentent d'abord, il n'en est pas moins vrai que très-souvent plusieurs de ceux qui font imprimer désirent savoir immédiatement ce que telle impression leur coûtera, et ils ne sont pas toujours satisfaits qu'on leur dise simplement le prix d'une feuille. Beaucoup ne veulent pas comprendre ou regardent cette réponse comme insuffisante, ils voudraient être mieux fixés et ils insistent, en demandant qu'on leur dise ce que leur coûtera, au moins à peu près, telle impression en entier, tout compris.

Si l'on pense que ce ne soit pas là un renseignement pour comparer votre prix avec celui qu'on ira demander peut-être ailleurs, on leur donne satisfaction ainsi:

La réponse précise serait très-facile si l'on connaissait de prime abord le nombre de feuilles que doit contenir le labeur proposé ; mais on ne peut pas toujours déterminer ce nombre à l'avance, *ex abrupto,* d'une manière invariable, sans tenir compte même des additions ou changements dans sa rédaction pendant qu'il est sous presse.

Or, pour trancher toutes difficultés, on suppose un nombre de feuilles le plus rapproché possible de la vérité, ce que tout imprimeur ayant la moindre habitude peut toujours faire facilement, et sur ce nombre de feuilles on établit, comme nous allons le faire plus bas, le prix demandé, *avec la clause* que si le labeur une fois terminé en contient *plus* ou *moins*, le coût d'une feuille étant fixé et connu d'avance, le prix du labeur sera *augmenté* ou *diminué* du prix de la feuille ou fraction de feuille qu'il comporterait en plus ou en moins. Cela posé, prenons un exemple.

Supposons

Que l'exemplaire du labeur fasse *environ* 10 feuilles ;
Que la feuille contienne 29 mille lettres ;
Que l'impression soit faite aux conditions du spécimen ;
Qu'on emploie du papier de 9 fr. la Rame ;
Que l'ouvrage doive être rendu broché ;
Et qu'on veuille une couverture imprimée.

I° SI LE TIRAGE SE COMPTE PAR CENTS. (*voir le tarif Spécimen.*)

Premier cent.

Impression. 24,95 / *Papier.* 1,89	26,84 × 10 =		268,40
Couverture.	*Composition.*	soit 2, »	13,50
	Tirage.	d° 0,50	
	Mise-en-train.	d° 0,50	
	Papier.	d° 0,50	
Brochage. (Supposons 10 *cent. l'ex.)*		10, »	
			281,90

Prix du 1er cent d'exemplaires, 282 fr.

Cents suivants.

Impression 1,20 / *Papier.* 1,89	3,09 × 10 =	30,90
Couverture.	*Tirage.* 0, 50. / *Papier.* 0, 50. =	1, »
Brochage.		10, »
		41,90.

Prix de chaque cent suivant 42 fr.

(Prix de la feuille (*en supposant* 600 *ex.*) {*Imp.* 30,95 / *Pap.* 11,34} 42,29

II° SI LE TIRAGE SE FAISAIT PAR MILLE. (*voir le tarif spécimen.*)

Premier mille.

Impression. 37, 75 / *Papier* 18, 90	54,65 × 10 =		546,50
Couverture.	*Composition.*	*soit* 2, »	10,50
	Tiage.	d° 4, »	
	Mise-en-train.	d° 0,50	
	Papier.	d° 4, »	
Brochage. (soit 0, 10 c. par ex.)			100, »
Prix du premier mille			657, »

Mille Suivants.

Impression. 9. « / *Papier.* 18,90	27,90 × 10 =	279, »
Couverture.	*Tirage.* 4 « / *Papier.* 4 «	8, »
Brochage.		100, »
Prix de chaque mille suivant		387, «

(Prix de la feuille, *donné par le Spécimen, suivant le nombre du tirage.*)

Comme on le voit, pour avoir le prix d'un Labeur entier, la chose est bien simple. Il suffit :

Pour le 1er cent d'exemplaires, de multiplier le prix (Impression et Papier) fourni par le Tarif, par le nombre de feuilles qu'on suppose qu'aura chaque exemplaire, et d'ajouter au produit la couverture et le brochage, et autres menus frais s'il y en avait.

Pour le 1er mille d'exemplaires, agir tout pareillement ;

Pour les cents ou mille suivants, même procédé encore, mais avec cette différence que ceux-ci ne devant plus comprendre ni la *composition* ni ses *étoffes*, ni la *mise-en-train*, on laisse le prix d'impression de côté, qu'on remplace tout simplement par le *tirage* d'un *cent* ou d'un *mille* (c'est-à-dire ici, suivant les conditions du spécimen, 1 fr.20 ou 9 f.), puis ayant multiplié par le nombre de feuilles qu'on suppose à l'exemplaire, on ajoute au produit, comme ci-devant, la couverture et le brochage, ainsi que les autres menus frais, s'il y en avait, relatifs à chaque cent ou à chaque mille.

FIN.

TABLE.

SECONDE PARTIE.

FIN DE LA TABLE.

Laigle. --- Imprimerie de P.-F. GINOUX.

LABEURS.

Tarif particulier, extrait du Tarif général. *(SPÉCIMEN.)*

PRIX D'UNE FEUILLE DE LABEUR, *la Composition étant à 0,50 ; le Tirage à 4 fr. pour les cents et à 3 fr. pour les mille ; les Étoffes à 50 p. 0/0 ; la Mise-en-train à 2 fr.*

		CENTS.									MILLE.									
		(Nombres du tirage de la Feuille.)																		
Conditions. Nombres de mille Lettres.	A	1	2	3	4	5	6	7	8	9	1	2	3	4	5	6	7	8	9	10
	B	4,	4,	4,	4,	4,	4,	4,	4,	4,	4,	3,	3,	3,	3,	3,	3,	3,	3,	3,
	C	1,20	1,20	1,20	1,20	1,20	1,20	1,20	1,20	1,20	12,	9,	9,	9,	9,	9,	9,	9,	9,	9,
	D	3,20	4,40	5,60	6,80	8,	9,20	10,40	11,60	12,80	14,	23,	32,	41,	50,	59,	68,	77,	86,	95,
Prix de l'Impression.	10 E	10,70	11,90	13,10	14,30	15,50	16,70	17,90	19,10	20,30	21,50	30,50	39,50	48,50	57,50	66,50	75,50	84,50	93,50	102,50
	11	11,45	12,65	13,85	15,05	16,25	17,45	18,65	19,85	21,05	22,25	31,25	40,25	49,25	58,25	67,25	76,25	85,25	94,25	103,25
	12	12,20	13,40	14,60	15,80	17,00	18,20	19,40	20,60	21,80	23,00	32,00	41,00	50,00	59,00	68,00	77,00	86,00	95,00	104,00
	13	12,95	14,15	15,35	16,55	17,75	18,95	20,15	21,35	22,55	23,75	32,75	41,75	50,75	59,75	68,75	77,75	86,75	95,75	104,75
	14	13,70	14,90	16,10	17,30	18,50	19,70	20,90	22,10	23,30	24,50	33,50	42,50	51,50	60,50	69,50	78,50	87,50	96,50	105,50
	15	14,45	15,65	16,85	18,05	19,25	20,45	21,65	22,85	24,05	25,25	34,25	43,25	52,25	61,25	70,25	79,25	88,25	97,25	106,25
	16	15,20	16,40	17,60	18,80	20,00	21,20	22,40	24,60	24,80	26,00	35,00	44,00	53,00	62,00	71,00	80,00	89,00	98,00	107,00
	17	15,95	17,15	18,35	19,55	20,75	21,95	23,45	24,35	25,55	26,75	35,75	44,75	53,75	62,75	71,75	80,75	89,75	98,75	107,75
	18	16,70	17,90	19,10	20,30	21,50	22,70	23,90	25,10	26,30	27,50	36,50	45,50	54,50	63,50	72,50	81,50	90,50	99,50	108,50
	19	17,45	18,65	19,85	21,05	22,25	23,45	24,65	25,85	27,05	28,25	37,25	46,25	55,25	64.25	73,25	82,25	91,25	100,25	199,25
	20	18,20	19,40	20,60	21,80	23,00	24,20	25,40	26,60	27,80	29,00	38,00	47,00	56,00	65,00	74,00	83,00	92,00	101,00	110,00
	21	18,95	20,15	21,35	22,55	23,75	24,95	26,15	27,35	28,55	29,75	38,75	47,75	56,75	65,75	74,75	83,75	92,75	101,75	110,75
	22	19,70	20,90	22,10	23,30	24,50	25,70	26,90	28,10	29,30	30,50	39,50	48,50	57,50	66,50	75,50	84,50	93,50	102,50	111,50
	23	20,45	21,65	22,85	24,05	25,25	26,45	27,65	28,85	30,05	31,25	40,25	49,25	58,25	67,25	76,25	85,25	94,25	103,25	112,25
	24	21,20	22,40	23,60	24,80	26,00	27,20	28,40	29,60	30,80	32,00	41,00	50,00	59,00	68.00	77,00	86,00	95 00	104,00	113,00
	25	21,95	23,15	24,35	25,55	26,75	27,95	29,15	30,35	31,55	32,75	41,75	50,75	59,75	68,75	77,75	86,75	95,75	104,75	113,75
	26	22,70	23,90	25,10	26,30	27,50	28,70	29,90	31,10	32,30	33,50	42,50	51,50	60,50	69.50	78,50	87,50	96,50	105,50	114,50
	27	23,45	24,65	25,85	27,05	28,25	29,45	30,65	31,85	33,05	34,25	43,25	52,25	61,25	70,25	79,25	88,25	97,25	106,25	115.25
	28	24,20	25,40	26,60	27,80	29,00	30,20	31,40	32,60	33,80	35,00	44,00	53,00	62,00	71,00	80,00	89,00	98,00	107,00	116,00
	29	24,95	26,15	27,35	28,55	29,75	30,95	32,15	33,35	34,55	35,75	44,75	53,75	62,75	71,75	80,75	89,75	98,75	107,75	116,75
	30	25,70	26,90	28,10	29,30	30,50	31,70	32,90	34,10	35,30	36,50	45,50	54,50	63,50	72,50	81,50	90,50	99,50	108,50	117,50
	31	26,45	27,65	28,85	30,05	31,25	32,45	33,65	34,85	36,05	37,25	46,25	55,25	64,25	73,25	82,25	91,25	100,25	109,25	118,25
	32	27,20	28,40	29,60	30,80	32,00	33,20	34,40	35,60	36,80	38,00	47,00	56,00	65,00	74,00	83,00	92,00	101,00	110·00	119,00
	33	27,95	29,15	30,35	31,55	32,75	33,95	35,15	36,35	37,55	38,75	47,75	56,75	65,75	74,75	83,75	92.75	101,75	110,75	119.75
	34	28,70	29,90	31,10	32,30	33,50	34,70	35,90	37,10	38,30	39,50	48,50	57,50	66,50	75,50	84,50	93,50	102,50	111,50	120,50
	35	29,45	30,65	31,85	33,05	34,25	35,45	36,65	37,85	39,05	40,25	49,25	58,25	67,25	76.25	85,25	94.25	103,25	112,25	121,25
	36	30,20	31,40	32,60	33,80	35,00	36,20	37,40	38,60	39,80	41,00	50,00	59,00	68,00	77,00	86,00	95.00	104,00	113,00	122,00
	37	30,95	32,15	33,35	34,55	35,75	36,95	38,15	39,35	40,55	41,75	50,75	59,75	68,75	77,75	86,75	95.75	104,75	113,75	122,75
	38	31,70	32,90	34,10	35,30	36,50	37,70	38,90	40,10	41,30	42,50	51,50	60,50	69,50	78,50	87,50	96,50	105,50	114,50	123,50
	39	32,45	33,65	34,85	36,05	37,25	38,45	39,65	40,85	42,05	43,25	52,25	61,25	70,25	79,25	88,25	97,25	106,25	115,25	124,25
	40	33,20	34,40	35,60	36,80	38,00	39,20	40,40	41,60	42,80	44,00	53,00	62,00	71,00	80,00	89,00	98,00	107,00	116,00	125,00
	41	33,95	35,15	36,35	37,55	38,75	39,95	41,15	42,35	43,55	44,75	53,75	62,75	71,75	80,75	89,75	98,75	107,75	116,75	125,75
	42	34,70	35,90	37,10	38,30	39,50	40,70	41,90	43,10	44,30	45,50	54,50	63,50	72,50	81,50	90,50	99,50	108,50	117,50	126,50
	43	35,45	36,65	37,85	39,05	40,25	41,45	42,65	43,85	45,05	46,25	55,25	64,25	73,25	82,25	91,25	100,25	109,25	118,25	127,25
	44	36,20	37,40	38,60	39,80	41,00	42,20	43,40	44,60	45,80	47,00	56,00	65,00	74,00	83,00	92,00	101,00	110,00	119,00	128,00
	45	36,95	38,15	39,35	40,55	41,75	42,95	44,15	45,35	46,55	47,75	56,75	65,75	74,75	83,75	92,75	101,75	110,75	119,75	128,75
Prix du Papier.	F	*H*				*G.*									*G.*					
	5,00	1,05	2,10	3,15	4,20	5,25	6,30	7,35	8,40	9,45	10,50	21,00	31,50	42,00	52,50	63,00	73,50	84.00	94,50	105,00
	5,50	1,16	2,31	3,47	4,62	5,78	6,93	8,09	9,24	10,40	11,55	23,10	34,65	46,20	57,75	69,30	80,85	92,40	103,95	115,50
	6,00	1,26	2,52	3,78	5,04	6,30	7,56	8,82	10,08	11,34	12,60	25,20	37,80	50,40	63.00	75,60	88,20	100,80	113,40	126,00
	6,50	1,37	2,73	4,10	5,46	6,83	8,19	9,56	10,92	12,29	13,65	27,30	40,95	54,60	68,25	81,90	95,55	109,20	122,85	136,50
	7,00	1,47	2,94	4,41	5,88	7,35	8,82	10,29	11,76	13,23	14,70	29,40	44,10	58,80	73,50	88,20	102,90	117,60	132,30	147.00
	7,50	1,58	3,15	4,73	6,30	7,88	9,45	11,03	12,60	14,18	16'75	31,50	47,25	63,00	78,75	94.50	110.25	126,00	141,75	157,50
	8,00	1,68	3,36	5,04	6,72	8,40	10,08	11,76	13,44	15,12	16,80	33,60	50,40	67,20	84,00	100,80	117,60	134,40	151,20	168,00
	8,50	1,79	3,57	5,36	7,14	8,93	10,71	12,50	14,28	16,07	17,85	35'70	53,56	71,40	89,25	107,10	124'95	142,80	160,65	178,50
	9,00	1,89	3,78	5,67	7,56	9,45	11,34	13,23	15,12	17,01	18,90	37,80	56,70	75,60	94,57	113,40	132,30	151,20	170,10	189,00
	9,50	2,00	4,00	6,00	7,98	9,08	11,97	13,97	15,96	17,96	19,95	39,90	59,85	79,80	93,75	119,70	139,65	159,60	179,55	199.50
	10,00	2,10	4,20	6,30	8,40	10,50	12,60	14,70	16,80	18,90	21,00	42,00	63,00	84,00	105,00	126,00	147,00	168,00	189,00	210,00
	10,50	2,21	4,41	6,62	8,82	11,03	13,23	15,44	17,64	19,85	22,05	44,10	66,15	88,20	110,25	132,30	154,35	176,40	198,45	220,50
	11,00	2,31	4,62	6,93	9,24	11,55	13,86	16,17	18,48	21,00	23,10	46,20	69,30	92,40	115 50	138,60	161,70	184,80	207,90	231.00
	11,50	2,42	4,83	7,25	9,66	12,08	14,50	16,91	19,32	21,74	24,15	48,30	72,45	96,60	120,75	144,90	169,05	193,20	217,35	241,50
	12,00	2,52	5,04	7,56	10,08	12,60	15,60	17,64	20,16	22,68	25,20	50,40	75,60	100,8	126,00	151,20	176,40	201,60	226,80	252,00

G.

G.

Pour l'intelligence de ce Tarif particulier, comme de tout autre à établir sur des conditions différentes, voir, page 52, les notes auxquelles renvoyent les lettres A, B, etc.

LABEURS.

Tableaux pour faciliter la construction d'un Tarif particulier, analogue à celui ci-derrière, pour nombre de cas dive

Tableau n. 1. COMPOSITION et ses étoffes.

Mille Lettres de la Feuille	ÉTOFFES. 1/4 ou **25** p. %	1/3 ou 33,33 p. %	1/2 ou **50** p. %	2/3 ou 66,66 p. %	3/4 ou **75** p. %	4/5 ou **80** p. %	1, ou **100** p. %
9	11,25	12,00	13,50	14,99	15,75	16,20	18,0
10	12,50	13,33	15 00	16,66	17,50	18,00	20,0
11	13,75	14,66	16,50	18,33	19.25	19,80	22,0
12	15,00	15,99	18,00	19,99	21,00	21,60	24.0
13	16,25	17,33	19,50	21,66	22,75	23,40	26,0
14	17,50	18,66	21,00	23,33	24,50	25,20	28,0
15	18,75	19,99	22 50	24.99	26,25	27,00	30,0
16	20,00	21,33	24,00	26,66	28,00	28,80	32,0
17	21.00	22,66	25,50	28,33	29,75	30,60	34,0
18	22.50	23,99	27,00	29,99	31,50	32,40	36,0
19	23,75	25,33	28,50	31,66	33,25	34,20	38,0
20	25.00	26,66	30,00	33.33	35,00	36,00	40.0
21	26,25	27.99	31,50	84,99	36,75	37,80	42,0
22	27,50	29,33	33.00	36,66	38,50	39,60	44.0
23	28,75	30,66	34,50	38,33	40,25	41,40	46,0
24	30,00	31,99	36,00	39,99	42,00	43.20	48,0
25	31,25	33,33	37,50	41,66	43,75	45,00	50,0
26	32,50	34,66	39,00	43 33	45,50	46,80	52,0
27	33,75	35,99	40,50	44.99	47,25	48,60	54,0
28	35,00	37,33	42.00	46,66	49,00	50.40	56,0
29	36.25	38,66	43,50	48,33	50,75	52,20	58,0
30	37,50	39.99	45,00	49,99	52,50	54 00	60,0
31	38,75	41,33	46,50	51,66	54,25	55,80	62,0
32	40,00	42,66	48,00	53,33	56,00	57,60	64,0
33	41,25	43,99	49,50	54,99	57,75	59,40	66,0
34	42,50	45,33	51,00	56,66	59.50	61,20	68,0
35	43.75	46,66	52,50	58,33	61,25	63,00	70,0
36	45,00	47,99	54,00	59,99	63,00	64,80	72,0
37	46,25	49,33	55,50	61,66	64,75	66,60	74,0
38	47,50	50,66	57,00	63,33	66,50	68,40	76,0
39	48,75	51,99	58,50	64,99	68,25	70.20	78,0
40	50,00	53,33	60,00	66,66	70,00	72,00	89,7
41	51,25	54,66	61,50	68.33	71,75	73,80	82,0
42	52,50	55,99	63,00	69,99	73,50	75,60	84,0
43	53,75	57,33	64,50	71,66	75,25	77,40	86,0
44	55,00	58,66	66,00	73,33	77,00	79,20	88,0
45	56,25	59,99	67,50	74,99	78,75	81,00	90.0
46	57,50	61.33	69,00	76,66	80,50	82,80	92,0
47	58,75	62,66	70,50	78,33	82,25	84,60	94,0
48	60,00	63,99	72,00	79,99	84,00	86,40	96,0
49	61,25	65,33	73,50	81,66	85,75	88,20	98,0
50	62,50	66,66	75,00	83,33	87,50	90,00	100,0
51	63,75	67,99	76,50	84,99	89,25	91,80	102,0
52	65,00	69,33	78,00	86.66	91,00	93,60	104,0
53	66,25	70,66	79,50	88,33	92,75	95,40	106,0
54	67,50	71,99	81,00	89,99	94,50	97,20	108,0
55	68,75	73,33	82,50	91,66	96,25	99 00	110,0
56	70,00	74,66	84,00	93,33	98,00	100,8	112,0
57	71,25	75,99	85,50	94,99	99,75	102,6	114,0
58	72,50	77,33	87,00	96,66	101,5	104,4	116,0
59	73,75	78,66	88,50	98,33	103,2	106,2	118,0
60	75,00	79,99	90,00	99,99	105,0	108,0	120,0
61	76,25	81,33	91,50	101,6	106,7	109,8	122 0
62	77,50	82,66	93,00	103,3	108,5	111,6	124,0

Multiplier l'un de ces nombres par le taux voulu de composition. - Le produit donnera le prix de composition de la feuille entière, *recto* et *verso*.

Tableau n. 2. TIRAGE et ses étoffes.

Taux du Tirage.	ÉTOFFES. 1/4 ou **25** p. %	1/3 ou 33,33 p. %	1/2 ou **50** p. %	2/3 ou 66,66 p. %	3/4 ou **75** p. %	4/5 ou **80** p. %	1, ou **100** p. %
2.00	5,00	5,33	6,00	6.66	7,00	7,20	8,00
2,50	6,25	6,66	7,50	8,33	8,75	9,00	10,00
3,00	7,50	8.00	9,00	10,00	10,50	10,80	12.00
3.50	8,75	9,33	10,50	11,66	12,25	12,60	14,00
4,00	10,00	10,66	12,00	13,33	14,00	14,40	16.00
4,50	11,25	12,00	13,50	15,00	15,75	16.20	18,00
5,00	12,50	13,33	15,00	16,66	17,50	18.00	20.00
5,50	13.75	14,66	16,50	18,33	19,25	19,80	22,00
6,00	15,00	16,00	18,00	20,00	21,00	21,60	24.00
6.50	16.25	17.33	19,50	21.66	22,75	23,40	26,00
7,00	17,50	18,66	21,00	23,33	24,50	25,20	28.00
7,50	18,75	20,00	22,50	25.00	26.25	27,00	30,00
8,00	20,00	21,33	24.00	26.66	28.00	28,80	32,00
8,50	21,25	22,66	25,50	28,33	29,75	30,60	34.00
9,00	22,50	24,00	27,00	30.00	31,50	32,40	36,00
9,50	23.75	25,33	28,50	31.66	33,25	34,20	38,00
10,00	25,00	26,66	30.00	33,33	35,00	36,00	40,00

Multiplier l'un de ces nombres par celui auquel on tire la feuille. – Le produit (dont on retranche une décimale en plus de celles des facteurs si les exemplaires se comptent par *cents*, ou simplement celles des deux facteurs s'ils se comptent par *mille*), donne le prix total de tirage de cette feuille *recto* et *verso*.

T. n. 3. PAPIER et son ch

Prix de la Rame.	Prix de 1000 Feuilles avec Chaperon.
5,00	10 50
5,25	11·03
5,50	11 55
5,75	11'58
6,00	12·60
6.25	13·13
6,50	13,65
6,75	14,18
7,00	14 70
7,25	15·23
7,50	15,75
7,75	16,28
8,00	16,80
8,25	17.33
8,50	17,85
8 75	18,38
9,00	18,90
9,25	19,43
9,50	19,95
9,75	20,48
10,00	21,00
10,25	21,53
10,50	22,05
10,75	22,58
11,00	23,10
11,25	23,63
11,50	24,15
11,75	24,68
12,00	25,20
12,25	25,73
12.50	26,25
12.75	26,78
13.00	27,30
13,25	27,83
13,50	28,35
13,75	28,88
14,00	29,40
14,25	29,93
14,50	30,45
14,75	30,98
15,00	31.50
15,25	32,03
15,50	32,55
15,75	33,08
16,00	33,60
16,25	34,13
16,50	34,65
17,00	35,70
17,50	36,75
18,00	37,80
18,50	38,85
19.00	39,90
19,50	40,95
20.00	42,00

… décimale en plus s'ils ne se comptent que par *cent*, donnera le prix total du papier de cette feuille.

N. B. — L'usage de ces trois Tableaux est indiqué dans la brochure (page 57). Cependant on pourrait encore les employer à établir directement le prix d'une feuille de labeur, pour une multitude de conditions différentes, en se bornant à faire les opérations qu'ils indiquent.

EXEMPLE.

Quel serait le prix d'une feuille de labeur tirée à 2000 exemplaires, sur papier à 8 francs 50 centimes la rame, en supposant le Tirage à 3,50 le mille et les étoffes à 50 p. 0/0, cette feuille devant contenir 27 mille lettres ?

OPÉRATION.

Composition, ... 40,50 × 0,45 = 18,22
Tirage, . . . , . . . 12,25 }
Papier, . . , . . . 17,85 } 30,10 × 2,» = 60,20
Mise-en-Train etc., *soit* 2,

Réponse. — *Le prix de cette feuille serait de* 80,42

Mais ce procédé (très-exact d'ailleurs) serait peu expéditif. Pour plus de simplicité et de promptitude, voir le *Tarif général pour labeurs*.

Laigle (Orne), Imprimerie de P.-F. GINOUX.

www.ingramcontent.com/pod-product-compliance
Lightning Source LLC
LaVergne TN
LVHW051513090426
835512LV00010B/2516

9782014508017